GRILLBUCH

FÜR MÄNNER & FAMILIEN

Die Grillbibel mit den 110 besten BBQ Rezepten

GENUSSVOLL KOCHEN

Inhaltsverzeichnis

Vorwort

Grillen gehört zum Sommer einfach dazu. Nicht nur Männer stehen gern am Grill. Immer mehr Frauen entdecken diese Gaumenfreude für sich und haben Lust zum Experimentieren. Es muss nicht immer Fleisch sein. Auch Fisch eignet sich perfekt zum Grillen. Sogar Vegetarier und Veganer haben Spaß am Grillen, denn auch Gemüse, Obst, Tofu und andere Leckereien schmecken lecker vom Grill. Es gibt heutzutage kaum etwas, das nicht gegrillt werden kann. Sogar süße Sachen wie Schokolade und Desserts können eine Grillparty bereichern.

Salate, knusprige Kartoffeln und verschiedene Brotsorten schmecken perfekt zu Gegrilltem. Saucen und Dips dürfen bei einem Grillabend nicht fehlen und lassen sich mit wenig Aufwand zubereiten. Es kommt auch auf die richtigen Getränke an. Neben Bier, Wein oder Bowle solltest du leichte, spritzige Sommerlimonaden anbieten, die du selbst bereiten kannst.

Seinen typischen Geschmack erhält Gegrilltes mit einem Holzkohlegrill. Bereits der Geruch nach Holzkohle kitzelt die Geschmacksnerven und sorgt für Appetit. Holzkohlegrills bekommst du inzwischen in vielen Varianten. Neue Trends sind Kugelgrills mit Deckel oder Smoker, bei denen das Grillgut nicht direkt über der Glut liegt. Hast du einen Gasgrill, kannst du den Holzkohlegeschmack mit verschiedenen Zusätzen herstellen. Die Grillrezepte in diesem Buch eignen sich für jede Art von Grill und sind einfach zuzubereiten.

1. Geschmackvolle Steaks

Steaks vom Grill sind der Klassiker, egal, ob es sich um Schweine- oder Rindersteaks handelt. Mit verschiedenen Marinaden kannst du die Steaks nach deinem Geschmack würzen. Diese Marinaden sind schnell zubereitet.

1.1 T-Bone-Steaks

Für 2 Portionen
Zubereitungszeit: ohne Anheizen ca. 15 Minuten
Schwierigkeitsgrad: leicht

Zutaten:

2 T-Bone-Steaks (je etwa 600 Gramm)
Meersalz
Pfeffer
Olivenöl

Zubereitung:

1. Grill vorheizen und Rost mit Öl bestreichen. Die Steaks kannst du vor oder nach dem Grillen würzen.

2. Grille die Steaks, bis Blutstropfen austreten. Das dauert auf einer Seite ca. 5 Minuten. Anschließend Steaks wenden und fertiggrillen. Würzen und nach Wunsch mit Olivenöl beträufeln.

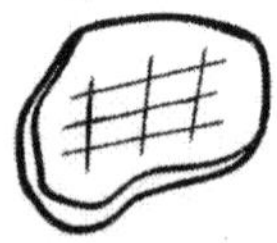

1.2 Rib-Eye-Steaks

Für 4 Portionen
Zubereitungszeit: ca. 15 Minuten ohne Ruhezeit und Vorheizen
Schwierigkeitsgrad: leicht

Zutaten:

4 Rib-Eye-Steaks (je etwa 200 Gramm)
Essig
Knoblauch
Olivenöl
Salz, Pfeffer

Zubereitung:

1. Schneide die Steaks an den Rändern etwas ein, damit sie sich beim Grillen nicht zusammenziehen.

2. Aus Olivenöl, gepresstem Knoblauch, Salz und Pfeffer eine Marinade bereiten und Steaks über Nacht darin einlegen.

3. Grill vorheizen, mit Öl einstreichen. Steaks grillen, bis Blutstropfen austreten (ca. 4 Minuten). Wenden und fertiggrillen. Nach dem Grillen in Alufolie einwickeln und noch 5 Minuten ziehen lassen.

1.3 Filetsteaks

Für 4 Portionen
Zubereitungszeit: ca. 15 Minuten ohne Vorheizen
Schwierigkeitsgrad: leicht

Zutaten:

4 Rinderfiletsteaks (ca. 200 Gramm)
Olivenöl, Paprikapulver,
Salz, Pfeffer

Zubereitung:

1. Grill vorheizen. Steaks mit Olivenöl bestreichen, würzen und auf den Rost legen.

2. Tritt Blut an der Oberfläche aus, wendest du die Steaks und grillst sie fertig.

1.4 Kalbssteak vom Grill

Für 4 Portionen
Zubereitungszeit:
ca. 25 Minuten ohne Ruhezeit und Vorheizen
Schwierigkeitsgrad: leicht

Zutaten:

4 Kalbssteaks
150 Milliliter Rotwein
1 Esslöffel Rotweinessig
2 Esslöffel Sonnenblumenöl
2 Thymianzweige
Einige Petersilienstängel
1 Zwiebel, gewürfelt
1 Teelöffel Zucker
1 Teelöffel Senf
Salz, Pfeffer
1 Lorbeerblatt

Zubereitung:

1. Steaks in eine Schüssel legen. Die übrigen Zutaten zu einer Marinade verrühren und über die Steaks geben.

2. Die Steaks eine Nacht im Kühlschrank ruhen lassen und gelegentlich wenden.

Grill vorheizen.

3. Steaks auf die heißeste Stelle legen und von jeder Seite 2 Minuten grillen. Steaks an den Rand des Grillrosts legen und von jeder Seite noch weitere 5 Minuten grillen.

1.5 Nackensteaks vom Schwein

Für 4 Portionen
Zubereitungszeit:
25 Minuten ohne Ruhezeit und Vorheizen
Schwierigkeitsgrad: leicht

Zutaten:

4 Nackensteaks
4 Esslöffel Olivenöl
4 Esslöffel Tomatenketchup
1 Esslöffel Sojasauce
1 Teelöffel Paprikapulver
Salz, Pfeffer

Zubereitung:

1. Nackensteaks in eine Schüssel legen. Aus den übrigen Zutaten eine Marinade bereiten und über die Steaks geben.

2. Unter gelegentlichem Wenden drei Stunden im Kühlschrank ruhen lassen.

Grill vorheizen und Steaks auf jeder Seite 5 Minuten grillen.

1.6 Nackensteaks mit Knoblauch-Joghurt-Marinade

Für 4 Portionen
Zubereitungszeit: ca. 25 Minuten ohne Ruhezeit und Vorheizen
Schwierigkeitsgrad: leicht

Zutaten:

4 Nackensteaks
150 Milliliter Naturjoghurt
3 Esslöffel Olivenöl
2 Knoblauchzehen, gepresst
Paprikapulver, Salz, Pfeffer

Zubereitung:

1. Marinade zubereiten und die Nackensteaks damit einstreichen. Über Nacht im Kühlschrank durchziehen lassen.

2. Grill vorheizen und Steaks von jeder Seite ca. 5 Minuten grillen.

1.7 Nackensteak mit Kräutermarinade

Für 4 Portionen
Zubereitungszeit: ca. 20 Minuten ohne Ruhezeit und Vorheizen
Schwierigkeitsgrad: leicht

Zutaten:

4 Nackensteaks
1 Zwiebel, in Ringe geschnitten
200 Milliliter Sonnenblumenöl
2 Esslöffel Balsamico-Essig

2 Chilischoten, in Ringe geschnitten
6 Esslöffel Worcestersauce
1 Zweig Rosmarin
2 Zweige Oregano
1 Bund Petersilie, gehackt
Salz, Pfeffer

Zubereitung:

1. Marinade aus Öl, Worcestersauce, Essig, Salz und Pfeffer bereiten. Zwiebel, Kräuter und Chilischoten dazugeben.

2.Fleisch hineinlegen und 6 Stunden ziehen lassen.

Grill vorheizen. Steak darauflegen und von jeder Seite 5 Minuten grillen.

1.8 Holzfällersteaks

Für 2 Portionen
Zubereitungszeit:
ca. 15 Minuten ohne Vorheizen
Schwierigkeitsgrad: leicht

Zutaten:

2 Holzfällersteaks
Olivenöl
Salz, Pfeffer, Paprika

Zubereitung:

1. Steaks mit Olivenöl bestreichen und würzen. Grill vorheizen.

2. Steaks in der Mitte des Grills von jeder Seite ca. 2 Minuten scharf anbraten. Anschließend auf dem weniger heißen Bereich noch von jeder Seite ca. 4 Minuten fertiggrillen.

2. Saftige Burger

Magst du Burger, musst du nicht in ein Burger-Restaurant gehen. Auf dem Grill kannst du leckere Burger ganz frisch selbst zubereiten.

2.1 Sesamburger mit Serranoschinken

Für 8 Portionen
Zubereitungszeit:
ca. 30 Minuten
Schwierigkeitsgrad: mittel

Zutaten:

Für die Burger:
1 kg Rinderhack
2 Knoblauchzehen, gehackt
1 Bund Petersilie, gehackt
1 Esslöffel Senf
1 Teelöffel Paprikapulver
Salz, Pfeffer
2 Esslöffel Sonnenblumenöl

Für Aioli:

2 Knoblauchzehen, gehackt
2 Chilischoten, gehackt
2 Teelöffel Paprikapulver
75 Milliliter Mayonnaise
Salz

Zusätzlich:

8 Sesamburger
8 Scheiben Schnittkäse
8 Scheiben Serranoschinken
2 Fleischtomaten

Zubereitung:

1. Alle Zutaten außer das Öl verkneten und aus der Masse acht Fladen formen. Die Fladen mit Öl bestreichen und auf dem vorgeheizten Grill von jeder Seite 5 Minuten grillen.

2. Serranoschinken kurz mitgrillen. Aioli bereiten, Fleischtomaten in Scheiben schneiden.

Sesambrötchen aufschneiden und von jeder Seite mit Aioli bestreichen. Zuerst eine halbe Scheibe Serranoschinken und den

Burger, dann Käse und Fleischtomaten sowie die obere Brötchenhälfte auflegen. Noch kurz an den Rand des Grills legen, bis der Käse verläuft.

2.2 Burger Napolitano

Für 2 Portionen
Zubereitungszeit:
20 Minuten
Schwierigkeitsgrad: mittel

Zutaten:

400 Gramm Rinderhack
4 Sardellenfilets
1 Esslöffel Kapern
Salz, Pfeffer
2 Burgerbrötchen
8 Salbeiblätter, frittiert
12 Rucolablätter
1 große Tomate, in Scheiben
Parmesan, gehobelt

Zubereitung:

1. Sardellen und Kapern hacken, mit Salz und Pfeffer mischen und unter das Hackfleisch arbeiten.

2. Daraus zwei ca. 3 cm dicke Taler formen und von jeder Seite auf dem vorgeheizten Grill etwa 4 Minuten grillen. Brötchen aufschneiden und kurz mit der Schnittfläche auf den Grill legen.

3. Untere Seite mit Rucola belegen. Burger, Tomaten, Parmesan und Salbei darauflegen, dann zuklappen.

2.3 Doppel-Cheeseburger mit Bacon

Für 2 Portionen
Zubereitungszeit:
30 Minuten
Schwierigkeitsgrad: mittel

Zutaten:

400 Gramm Rinderhackfleisch
1 Teelöffel Senf
Salz, Pfeffer, Paprika
2 Hamburger Brötchen
8 Scheiben Bacon
8 Scheiben Käse
1 kleine Zwiebel, in Ringe
1 Tomate, in Scheiben
Mayonnaise
Ketchup

Zubereitung:

1. Aus Hackfleisch, Salz, Pfeffer, Paprika und Senf einen Teig bereiten und vier Burger formen. Auf dem vorgeheizten Grill auf jeder Seite 4 Minuten grillen. Bacon kurz mitgrillen.

2. Brötchen aufschneiden und auf der Schnittfläche kurz grillen. Käse in einer Aluschale auf den Grill stellen, bis er zu schmelzen beginnt.

Boden der Brötchen mit Mayonnaise bestreichen.

3. Käse, Bacon und Burger in dieser Reihenfolge im Wechsel darauflegen. Zum Schluss Tomaten, Zwiebeln und die obere Hälfte darauflegen.

2.4 Deftige Burger

Für 4 Portionen
Zubereitungszeit: 30 Minuten
Schwierigkeitsgrad: mittel

Zutaten:

400 Gramm Hackfleisch gemischt
1 altes Brötchen
1 Ei
1 kleine Zwiebel, gewürfelt
Salz, Pfeffer
4 Hotdog-Brötchen
2 Paprikaschoten, in Streifen geschnitten
½ Bund Schnittlauch, gehackt
20 Gramm Cashewkerne
15 Gramm Radieschensprossen
1 Rosmarinzweig, nur die Nadeln

1 Esslöffel Zitronensaft
50 Milliliter Asia-Sauce

Zubereitung:

1. Weiche das Brötchen ein, drücke es aus und gib es zusammen mit Ei, Zwiebel und Gewürzen zum Hackfleisch. Bereite einen Teig und forme daraus vier längliche Frikadellen.

2. Grille die Frikadellen auf dem vorgeheizten Grill von jeder Seite ca. 3 Minuten. Schneide die Brötchen nicht vollständig auf und lege sie mit der Schnittfläche kurz auf den Grill.

Rosmarinnadeln, Sprossen, Schnittlauch, Cashewkerne und Zitronensaft mischen.

3. Jede Hälfte der Brötchen mit Asiasauce bestreichen. Burger, Paprika und Kräutermischung einfüllen, zuklappen.

2.5. Exotische Burger

Für 4 Portionen
Zubereitungszeit:
ca. 30 Minuten
Schwierigkeitsgrad: mittel

Für die Burger:

500 Gramm Rinderhackfleisch
1 Zwiebel, gewürfelt
Salz, Pfeffer

Für die Sauce:

3 Esslöffel Ananassaft, aus der Dose
1 Teelöffel Currypulver
3 Esslöffel Mayonnaise
150 Milliliter Naturjoghurt
Einige Spritzer Tabascosauce

Zusätzlich:

1 kleiner Zucchino
4 Scheiben Ananas aus der Dose
8 Scheiben Bacon
4 Hamburger Brötchen

Zubereitung:

1. Zutaten zu Teig verkneten und vier Burger formen. Burger auf jeder Seite auf dem heißen Grill vier Minuten grillen.

2. Zucchino in dünne Scheiben schneiden und zusammen mit Ananas und Bacon von beiden Seiten grillen. Brötchen aufschneiden und mit der Schnittfläche kurz auf den Grill legen.

3.Für die Sauce alle Zutaten vermischen. Auf die untere Hälfte der Brötchen Bacon, Zucchini, Burger und Ananas legen. Sauce darüberträufeln und Deckel darauflegen.

2.6 Chickenburger

Für 2 Portionen
Zubereitungszeit:
40 Minuten
Schwierigkeitsgrad: leicht

Zutaten:

1 Hähnchenbrustfilet
Sonnenblumenöl
Salz, Pfeffer
2 Burgerbrötchen
Honig
1 Zwiebel, in Ringen
1 Dose Pfirsiche
2 Scheiben Cheddarkäse
Einige Salatblätter

Zubereitung:

1. Grill vorheizen, Gusseisenpfanne in die Mitte stellen, Öl hineingeben. Hähnchen darin von jeder Seite ca. vier Minuten braten. In Scheiben schneiden.

2. In einer weiteren Pfanne auf dem Grill die Zwiebel dazugeben. Pfirsiche und etwas Pfirsichsaft dazugeben, köcheln lassen. Mit Honig, Salz und Pfeffer abschmecken.

3. Brötchen aufschneiden und mit den Schnittflächen kurz auf den Grill legen.

Auf die Unterseite der Brötchen in der Reihenfolge Salat, etwas Pfirsichchutney,

Hähnchenbrust, Chutney und Cheddar legen. Deckel aufsetzen.

2.7 Hawaii-Burger

Für 4 Portionen
Zubereitungszeit:
30 Minuten
Schwierigkeitsgrad: leicht

Zutaten:

400 Gramm Rinderhackfleisch
Salz, Pfeffer, Paprikapulver
4 Burgerbrötchen
4 Scheiben Cheddarkäse
4 Scheiben Ananas aus der Dose
4 Salatblätter
8 Scheiben Bacon

Zubereitung:

1. Hackfleisch mit Salz und Pfeffer mischen und vier Burger formen. Burger auf dem heißen Grill von jeder Seite zwei Minuten grillen.

2. Käse auf die Burger legen. Bacon und Ananas kurz mitgrillen. Brötchen aufschneiden.

3. Salatblätter, Burger, Ananas, Bacon und die obere Brötchenhälfte daraufsetzen.

2.8 Champignon-Käse-Burger

Für 4 Portionen
Zubereitungszeit:
30 Minuten
Schwierigkeitsgrad: leicht

Zutaten:

400 Gramm Rinderhackfleisch
Salz, Pfeffer
4 Burgerbrötchen
250 Gramm frische Champignons, in Scheiben
4 Scheiben Emmentaler-Käse
1 Zwiebel, gewürfelt
BBQ-Sauce

Zubereitung:

1. Hackfleisch mit Salz und Pfeffer mischen, daraus vier Burger formen. Burger auf dem heißen Grill von jeder Seite zwei Minuten grillen.

2. Käse auf die Burger legen und kurz ruhen lassen.

In einer Pfanne auf dem Grill Zwiebeln anrösten, Champignons dazugeben und etwa 15 Minuten rösten.

3.Brötchen aufschneiden und mit den Schnittflächen kurz auf den Grill legen. Beide Seiten mit BBQ-Sauce bestreichen. Burger und Champignons darauflegen, Deckel aufsetzen.

3. Leckere Spieße

Mit Spießen bringst du Abwechslung auf deinen Grill. Die verschiedensten Zutaten kannst du dafür verwenden. Spieße schmecken mit und ohne Fleisch, auch vegan.

3.1 Mango-Halloumi-Spieße

Für 4 Portionen
Zubereitungszeit: ca. 30 Minuten ohne Ruhezeit
Schwierigkeitsgrad: leicht

Zutaten:

1 Zucchino
1 Mango
250 Gramm Halloumi
4 Thymianzweige
Chiliflocken
1 Esslöffel Honig
2 Esslöffel Sonnenblumenöl
Salz, Pfeffer
8 Spieße

Zubereitung:

1. Zucchino schälen, längs in dünne Streifen schneiden. Mango schälen und in Würfel schneiden.

2. Käse in Stücke schneiden und Zucchinistreifen herumwickeln. Käse und Mango abwechselnd auf die Spieße stecken.

3. Aus den übrigen Zutaten eine Marinade bereiten und Spieße 30 Minuten darin liegenlassen. Spieße 6 Minuten unter Wenden grillen.

3.2 Schaschlik

Für 6 Portionen
Zubereitungszeit:
20 Minuten ohne Ruhezeit
Schwierigkeitsgrad: leicht

Für die Spieße:

500 Gramm
Schweinenacken
100 Gramm Bauchspeck
1 Paprikaschote
2 Zwiebeln
Salz, Pfeffer

Für die Marinade:

125 Milliliter Rotwein
2 Esslöffel Olivenöl
1 Knoblauchzehe
½ Zwiebel
2 Thymianzweige
Pfeffer
6 Spieße

Zubereitung:

1. Marinade bereiten. Fleisch in Würfel schneiden und über Nacht marinieren.

2. Zwiebeln, Paprika und Speck in Stücke schneiden und zusammen mit dem Fleisch abwechselnd auf die Spieße stecken.

3. Von beiden Seiten etwa 5 Minuten heiß grillen.

3.3 Köfte-Spieße

Für 8 Portionen
Zubereitungszeit:
20 Minuten
Schwierigkeitsgrad: leicht

Zutaten:

500 Gramm
Rinderhackfleisch
1 Knoblauchzehe, gepresst
1 Zwiebel, gewürfelt
½ Teelöffel Kreuzkümmel
½ Bund Petersilie, gehackt
Salz, Pfeffer
8 Spieße

Zubereitung:

1. Aus allen Zutaten einen Teig bereiten und daraus acht längliche Rollen formen.

2. Auf die Spieße stecken und unter Wenden acht Minuten grillen.

3.4 Thai-Satai-Spieße

Für 4 Portionen
Zubereitungszeit:
20 Minuten
Schwierigkeitsgrad: leicht

Für die Spieße:

400 Gramm Hähnchenbrust
½ Ananas
3 Esslöffel Olivenöl
Gesalzene Erdnüsse

Für die Marinade:

80 Milliliter Ananassaft
20 Milliliter Sojasauce
1 Esslöffel Limettensaft
2 Esslöffel Sriracha Sauce
3 Esslöffel brauner Zucker
½ Teelöffel frischer Ingwer
½ Teelöffel getrocknetes Basilikum
½ Teelöffel Knoblauchpulver
1 Prise Pfeffer
4 Spieße
1 Grillschale

Zubereitung:

1. Marinade bereiten. Hähnchenfleisch in Stücke schneiden und hineinlegen. Etwa 1 Stunde ziehen lassen.

2. Ananas in Würfel schneiden und abwechselnd mit dem Fleisch auf die Spieße stecken.

3. Etwa acht Minuten unter Wenden in der Grillpfanne grillen.

3.5 Champignon-Spieße

Für 4 Portionen
Zubereitungszeit:
20 Minuten
Schwierigkeitsgrad: leicht

Zutaten:

500 Gramm frische Champignons
6 Esslöffel Sojasauce
1 Teelöffel Oregano
1 Teelöffel Thymian
2 Knoblauchzehen, gepresst
100 Milliliter Olivenöl
8 Spieße

Zubereitung:

1. Alle Zutaten, bis auf Champignons, zu einer Marinade verarbeiten.

2. Champignons putzen und über Nacht marinieren. Champignons auf Spieße stecken und unter Wenden acht Minuten grillen.

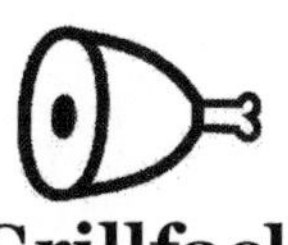

3.6 Grillfackeln

Für 6 Portionen
Zubereitungszeit:
30 Minuten
Schwierigkeitsgrad: leicht

Zutaten:

6 Scheiben Schweinebauch, ca. 1,5 cm dick
1 Esslöffel Pfeffer
1 Esslöffel Paprika edelsüß
2 Esslöffel Salz
1 Teelöffel Oregano
1 Messerspitze Currypulver
1 Messerspitze Knoblauchpulver
1 Messerspitze Thymian
Olivenöl

Zubereitung:

1.Gewürzmischung bereiten. Schweinebauchscheiben um die Spieße wickeln und mit der Gewürzmischung bestreichen.

2. Etwa 8 Minuten grillen und dabei wenden.

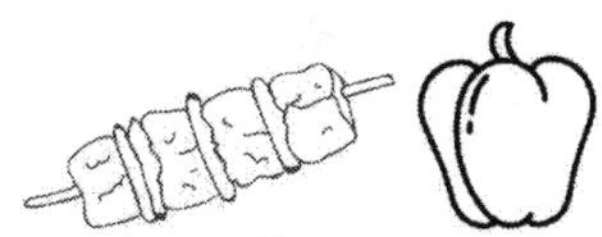

3.7 Hähnchen-Gemüse-Spieße

Für 4 Portionen
Zubereitungszeit:
35 Minuten
Schwierigkeitsgrad: leicht

Zutaten:

500 Gramm Hähnchenbrust

1 rote Paprikaschote
1 Zwiebel
8 Lorbeerblätter
8 Rosmarinzweige
1 Zitrone, in acht Spalten
4 Esslöffel Sonnenblumenöl
Salz, Pfeffer, Chilipulver

Zubereitung:

1. Nadeln von den Rosmarinzweigen zupfen und hacken. Hähnchenbrust, Paprika, Zwiebel in Stücke schneiden.

2. Hähnchen und Zitronenspalten auf die Rosmarinzweige stecken.

3. Übrige Zutaten verrühren und die Spieße damit einpinseln. Unter Wenden 10 Minuten grillen.

3.8 Käse-Bratwurst-Spieße

Für 4 Portionen

Zubereitungszeit:
25 Minuten
Schwierigkeitsgrad: leicht

Zutaten:

14 Nürnberger Rostbratwürste
2 Paprikaschoten
2 Zwiebeln
12 Oliven
2 Zwiebeln
4 Scheiben Grillkäse
Salz
4 Spieße

Zubereitung:

1. Zwiebeln und Knoblauch abziehen, Zwiebeln vierteln. Paprikaschoten in Stücke schneiden.

2. Käse in 8 Stücke schneiden. Zutaten auf den Spießen verteilen und ca. 6 Minuten von beiden Seiten grillen.

4. Spare Ribs

Spare Ribs, magere Rippchen, sind schon ein echter Klassiker vom Grill geworden. Mit verschiedenen Marinaden kannst du sie lecker zubereiten.

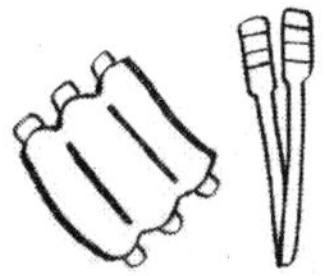

4.1 Spare Ribs mit würziger Honigsauce

Für 4 Portionen
Zubereitungszeit:
30 Minuten
Schwierigkeitsgrad: leicht

Zutaten:

1,5 kg Spareribs
3 Esslöffel Honig
5 Esslöffel Olivenöl
3 Esslöffel Sojasauce
2 Knoblauchzehen, gepresst
Saft einer Zitrone
2 Esslöffel brauner Zucker
Salz, Pfeffer

Zubereitung:

1. Spareribs in Portionen teilen und in eine flache Schüssel legen.

2.Aus den übrigen Zutaten eine Marinade bereiten und über die Spareribs geben.

3. Spareribs drei Stunden lang ziehen lassen. Spareribs 20 Minuten grillen und dabei mehrmals wenden und mit Marinade bestreichen.

4.2 Spareribs mit Honig und Paprika

Für 4 Portionen
Zubereitungszeit:
120 Minuten, hier wird indirekt gegrillt
Schwierigkeitsgrad: mittel

Zutaten:

4 große Spareribs
2 Esslöffel Sojasauce
6 Esslöffel Ketchup

6 Esslöffel Honig
½ Teelöffel Paprikapulver
1 Teelöffel Apfelessig
2 Teelöffel Chiliflocken
Zimt

Zubereitung:

1. Marinade bereiten, die Spareribs damit bestreichen und zwei Stunden ruhen lassen.

2. Beim indirekten Grillen die Rippen mehrmals wenden und mit der Marinade bestreichen. Das Fleisch muss fast vom Knochen fallen.

4.3 Einfache Spareribs

Für 4 Portionen
Zubereitungszeit:
4 Stunden, hier wird indirekt gegrillt
Schwierigkeitsgrad: leicht

Zutaten:

4 Reihen Spareribs
Rapsöl
4 Esslöffel Trockenmarinade
1 Flasche BBQ-Sauce

Zubereitung:

1. Trockenmarinade mit Rapsöl verrühren und Spareribs damit bestreichen.

2. Über Nacht ruhen lassen. Spareribs mindestens vier Stunden indirekt grillen und immer wieder wenden.

3. Kurz vor dem Ende der Grillzeit mit BBQ-Sauce einstreichen.

4.4. North Carolina Spareribs

Für 6 Portionen
Zubereitungszeit:
2 Stunden
Schwierigkeitsgrad: mittel

Zutaten:

3 kg Spareribs

Für die Würzmischung:

2 Esslöffel Knoblauchpulver
2 Esslöffel Salz
2 Esslöffel Pfeffer
2 Esslöffel gemahlene Senfkörner
1 Esslöffel Chiliflocken
10 Esslöffel brauner Zucker
2 Esslöffel Zwiebelpulver
2 Esslöffel Paprikapulver
1 Esslöffel Majoran
2 Esslöffel Selleriesalz

Zum Einreiben:

2 Esslöffel Honig
250 Milliliter Apfelsaft
4 Esslöffel Apfelessig

Zubereitung:

1. Gewürzmischung bereiten, Rippen beidseitig damit einreiben und in Frischhaltefolie wickeln.

2. Über Nacht im Kühlschrank ruhen lassen. Rippen aus der Folie nehmen und im Backofen eine Stunde vorgaren.

3. Mischung zum Einreiben bereiten, Rippen damit einstreichen und beidseitig 40 Minuten grillen. Immer wieder wenden und einstreichen.

4.5 Spareribs mit Tomaten-marinade

Für 4 Portionen
Zubereitungszeit: 1 Stunde
Schwierigkeitsgrad: leicht

Zutaten:

2 kg Spareribs
3 Esslöffel Senf
4 Esslöffel Tomatenketchup
4 Esslöffel Sojasauce
1 gehackte Zwiebel
4 Knoblauchzehen, gepresst
1,5 Esslöffel Paprikapulver
1 Esslöffel Chiliflocken
4 Esslöffel Öl
2 Esslöffel Essig
1 Esslöffel Tabascosauce
½ Teelöffel Kreuzkümmel
Salz

Zubereitung:

1. Marinade bereiten. Rippen über Nacht darin ziehen lassen.

2. Etwa 40 Minuten unter Wenden grillen.

4.6 Chili-Spareribs

Für 2 Portionen
Zubereitungszeit: 1 Stunde
Schwierigkeitsgrad: mittel

Zutaten:

1 kg Spareribs
1 Esslöffel Butter
1 gehackte Zwiebel
2 gehackte Knoblauchzehen
1 gehackte Chilischote

Zubereitung:

1. Butter erhitzen, Zwiebel und Chilischote darin karamellisieren. Knoblauch dazugeben.

2. Marinade abkühlen lassen. Rippen über Nacht darin einlegen. Rippen 45 Minuten grillen und dabei wenden.

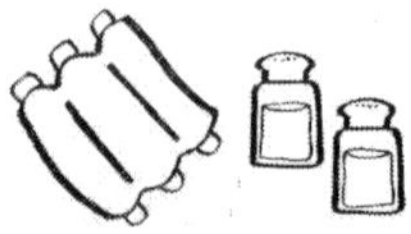

4.7 Süß-pikante Spareribs

Für 4 Portionen
Zubereitungszeit: 1 Stunde
Schwierigkeitsgrad: leicht

Zutaten:

4 große Spareribs
4 Esslöffel brauner Zucker
2 Esslöffel Paprikapulver
2 Esslöffel Cumin
1 Esslöffel Chiliflocken
1 Esslöffel Salz

Zubereitung:

1. Würzmischung bereiten und die Rippen damit einreiben. Über Nacht ruhen lassen.

2. Unter Wenden ca. 40 Minuten grillen.

4.8 Spareribs in Biermarinade

Für 4 Portionen
Zubereitungszeit: 1 Stunde
Schwierigkeitsgrad: mittel

Zutaten:

2 kg Spareribs
2 Dosen Guinness Bier
300 Milliliter Ketchup
4 Knoblauchzehen, gehackt
2 Teelöffel Selleriesalz
2 Teelöffel Meerrettich
20 Tropfen Tabascosauce
10 Tropfen Worcestersauce
Pfeffer, Grillgewürz

Zubereitung:

1. Aus den Zutaten bis auf Grillgewürz eine Sauce bereiten und 20 Minuten köcheln lassen. Rippen in Salzwasser 20 Minuten vorkochen.

2. Rippen mit Grillgewürz einreiben und auf jeder Seite 10 Minuten grillen. Rippen auf beiden Seiten mit der Sauce bestreichen und grillen, bis die Sauce fest ist.

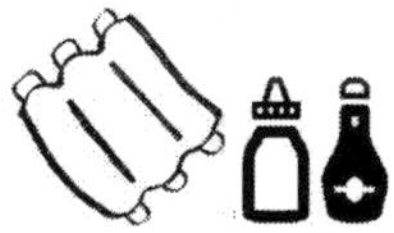

4.9 Spareribs mit Ingwer

Für 8 Portionen
Zubereitungszeit:
4,5 Stunden, hier wird indirekt gegrillt
Schwierigkeitsgrad: mittel

Zutaten:

2 kg Spareribs
5 cm Ingwerknolle
150 Milliliter Sojasauce
3 Esslöffel Honig
75 Milliliter trockener Sherry
Saft einer Limette
3 Esslöffel Kecap manis
1 Teelöffel Sambal Oelek
Salz, Pfeffer

Zubereitung:

1. Spareribs salzen und pfeffern. Ingwer durch die Knoblauchpresse drücken und den Saft mit den

übrigen Zutaten aufkochen. Abkühlen lassen.

2. Spareribs damit einstreichen und über Nacht ruhen lassen. Spareribs ca. 4 Stunden indirekt grillen und immer wieder mit der Marinade bestreichen. Kurz vor dem Ende der Grillzeit direkt grillen.

5. Knuspriges Geflügel

Geflügel vom Grill ist äußerst zart, knusprig und lecker. Vielfältige Ideen lassen sich auf dem Grill verwirklichen, egal, ob du ein ganzes Hähnchen, Teile davon oder Geflügelspieße grillen möchtest.

5.1 Chili-Chicken-Wings

Für 4 Portionen
Zubereitungszeit:
30 Minuten
Schwierigkeitsgrad: leicht

Zutaten:

28 Hähnchenflügel
5 Esslöffel Honig
3 Esslöffel Sojasauce
2 Teelöffel Chilipulver
2 Teelöffel Koriander, gemahlen
2 Teelöffel Ingwer, gemahlen
1 Esslöffel Zitronensaft

Zubereitung:

1. Aus allen Zutaten eine Marinade bereiten und die Hähnchenflügel eine Stunde lang darin ruhen lassen.

2. Hähnchenflügel unter Wenden 20 Minuten grillen und immer wieder mit der Marinade bestreichen.

5.2 Hähnchenbrust im Schinkenmantel

Für 4 Portionen
Zubereitungszeit:
30 Minuten
Schwierigkeitsgrad: leicht

Zutaten:

4 Hähnchenbrustfilets
2 Knoblauchzehen, gepresst
150 Gramm Naturjoghurt
1 Chilischote, gehackt
1 Teelöffel Kurkuma

Salz, Pfeffer

Zusätzlich:

8 Scheiben Parmaschinken
150 Gramm Mozzarella, in Scheiben
2 Esslöffel Rosmarinnadeln, gehackt
1 Bund Basilikum

Zubereitung:

1. In die Hähnchenfilets eine Tasche schneiden. Marinade bereiten und Hähnchenbrustfilets über Nacht darin ruhen lassen.

2. Filets von jeder Seite 5 Minuten grillen. In die Taschen der Filets Mozzarella, Basilikum und Rosmarin füllen.

3. Jedes Filet in 2 Scheiben Schinken wickeln und weitere 10 Minuten grillen.

5.3 Bierdosen-Huhn

Für 4 Portionen

Zubereitungszeit: 2 Stunden
Schwierigkeitsgrad: mittel

Zutaten:

1 Hähnchen, 2,5 kg
1 Dose Bier
100 Milliliter Olivenöl
2 Rosmarinzweige
4 Knoblauchzehen, grob zerteilt

Für die Würzmischung:

3 Knoblauchzehen, fein gehackt
2 Esslöffel Paprikapulver
2 Teelöffel Zwiebelpulver
2 Teelöffel Kreuzkümmel, gemahlen
2 Teelöffel Koriander, gemahlen
2 Teelöffel Pfeffer, gemahlen
2 Teelöffel Senfkörner, gemahlen
2 Teelöffel Senf

Zubereitung:

1. Gewürzmischung bereiten. Bürzel vom Hähnchen entfernen.

2. Hähnchen mit Olivenöl und dann mit der Gewürzmischung einreiben. Vom Bier die Hälfte entfernen.

3. Knoblauch und Rosmarin in die Bierdose geben. Weitere Löcher in die Dose stechen.

4. Hähnchen auf die Dose stülpen und 90 Minuten lang bei ca. 175 Grad grillen.

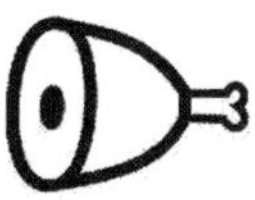

5.4 Gegrillte Poularde

Für 4 Portionen
Zubereitungszeit:
40 Minuten
Schwierigkeitsgrad: leicht

Zutaten:

1 Poularde, 1,5 kg
75 Gramm Butter
3 Knoblauchzehen, gepresst
½ Teelöffel Tabascosauce
Salz

Zubereitung:

1. Poularde in etwa acht Teile schneiden. Die übrigen Zutaten mischen und die Poularde damit einreiben.

2. Poularde ca. 30 Minuten unter Wenden grillen.

5.5 Hähnchen in Mango-Chutney

Für 4 Portionen
Zubereitungszeit: 1 Stunde
Schwierigkeitsgrad: leicht

Zutaten:

4 Hähnchenbrustfilets
4 Hähnchenkeulen
1 Mango
1 Zwiebel, fein gehackt
200 Milliliter Apfelsaft
1 Esslöffel Rapsöl
2 Esslöffel Apfelessig
1 Teelöffel Honig
6 Esslöffel Erdnussöl
1 Bund Koriander, gehackt
1 Teelöffel Kurkuma, gemahlen
3 Esslöffel Sojasauce

Zubereitung:

1. Fruchtfleisch der Mango würfeln. Zwiebel in Öl anbraten und Mango dazugeben.

2. Apfelsaft, Essig und Honig dazugeben und 10 Minuten köcheln lassen.

3. Abkühlen lassen und die übrigen Zutaten unterrühren. Fleisch über Nacht darin marinieren. Fleisch etwa 12 Minuten unter Wenden grillen.

5.6 Pikante Chicken Wings

Für 4 Portionen
Zubereitungszeit:
30 Minuten
Schwierigkeitsgrad: leicht

Zutaten:

28 Hähnchenflügel
6 Esslöffel Tomatenketchup
4 Esslöffel Balsamico-Essig
3 Knoblauchzehen, gehackt
Saft von 3 Limetten
4 Esslöffel Ahornsirup
2 Teelöffel Chilipulver
1 Teelöffel Paprikapulver

Zubereitung:

1. Aus allen Zutaten eine Marinade bereiten. Hähnchenflügel 2 Stunden darin ziehen lassen.

2. Hähnchenflügel unter Wenden etwa 10 Minuten grillen.

5.7 Entenbrust vom Grill

Für 4 Portionen
Zubereitungszeit:
30 Minuten
Schwierigkeitsgrad: leicht

Zutaten:

500 Gramm Entenbrustfilet
4 Esslöffel Olivenöl
Pfeffer

Zubereitung:

1. Filet in vier Teile schneiden. Hautseite der Filets gitterförmig einschneiden.

2. Filet pfeffern, mit Olivenöl einstreichen und zuerst auf der Hautseite 10 Minuten grillen.

3. Auf der anderen Seite 8 Minuten fertiggrillen.

5.8 Putenkeulen mit Preiselbeer-Marinade

Für 4 Portionen
Zubereitungszeit:
30 Minuten
Schwierigkeitsgrad: leicht

Zutaten:

4 Putenunterkeulen
100 Gramm Preiselbeeren aus dem Glas
10 Wacholderbeeren
10 Esslöffel Sonnenblumenöl
Blätter von 2 Thymianzweigen, gehackt

Zubereitung:

1. Von den Putenkeulen die Haut und die Knochen entfernen. Fleisch flachlegen.

2. Marinade aus den übrigen Zutaten bereiten. Fleisch 2 Stunden darin ziehen lassen.

3. Fleisch unter Wenden 20 Minuten grillen und dabei mit der Marinade bestreichen.

5.9 Hähnchenspieße mit Feigen

Für 4 Portionen
Zubereitungszeit:
30 Minuten
Schwierigkeitsgrad: leicht

Zutaten:

4 Hähnchenbrustfilets, in Stücke geschnitten
32 getrocknete Feigen
100 Milliliter Orangenlikör
8 Spieße

Für die Marinade:

2 Esslöffel Sherry
2 Esslöffel Honig
2 Esslöffel Orangensaft
3 Esslöffel Rapsöl
½ Teelöffel Currypulver
Salz, Pfeffer

Zubereitung:

1. Feigen 30 Minuten im Likör ziehen lassen. Marinade bereiten und Fleisch darin 2 Stunden ziehen lassen.

2. Im Wechsel Feigen und Fleisch auf die Spieße stecken. Unter Wenden 20 Minuten grillen und immer wieder mit der Marinade bestreichen.

5.10 Raffinierte Maispoularden-Brust

Für 4 Portionen
Zubereitungszeit: 1 Stunde
Schwierigkeitsgrad: leicht

Zutaten:

4 Maispoulardenbrustfilets
125 Gramm Schafskäse
3 Esslöffel Ahornsirup
Saft einer Zitrone
3 Esslöffel frischer Oregano, gehackt
Salz, Pfeffer
Sonnenblumenöl zum Bestreichen

Zubereitung:

1. In die Poulardenbrüste eine Tasche schneiden. Schafskäse mit 2 Teelöffel Ahornsirup und Oregano mischen, in die Poulardenbrüste füllen.

2. Aus den übrigen Zutaten eine Marinade bereiten, Poulardenbrüste damit bestreichen und 30 Minuten ziehen lassen.

3. Poulardenbrüste 20 Minuten grillen, dabei wenden und mit Öl bestreichen. Kurz vor Ende der Grillzeit mit Marinade bestreichen.

6. Gegrillter Fisch & Meeresfrüchte

Eine besondere Delikatesse vom Grill sind gegrillter Fisch und Meeresfrüchte. Sie entfalten auf dem Grill ein besonders feines Aroma. Entdecke viele Möglichkeiten und hole dir einen Hauch von Mittelmeer nach Hause.

6.1 Lachs auf Zedernholz

Für 2 Portionen
Zubereitungszeit:
2 Stunden
Schwierigkeitsgrad: leicht

Zutaten:

1 Lachsseite mit Haut, ca. 35 cm lang
Salz, Pfeffer
1 Zedernholzbrett, 40 cm lang und 20 cm breit

Für die Marinade:

1 Teelöffel Hoisin Sauce
1 Knoblauchzehe, gepresst
1 Spritzer Sesamöl
1 Teelöffel Zitronensaft
1 Teelöffel Sojasauce
1 Teelöffel Butter
1 Teelöffel Senf

Zubereitung:

1. Zedernholzbrett 2 Stunden wässern. Grill auf 180 Grad vorheizen. Lachs einmal längs und mehrmals quer bis auf die Haut einschneiden.

2. Marinade bereiten. Lachs damit einstreichen, salzen und pfeffern. Zedernholz vorgrillen, bis das Holz knistert. Lachs mit der Hautseite auf das Brett legen und 25 Minuten bei geschlossenem Deckel 25 Minuten grillen.

6.2 Gegrillte Forelle

Für 4 Portionen
Zubereitungszeit:
30 Minuten
Schwierigkeitsgrad: leicht

Zutaten:

4 Forellen
Salz, Pfeffer
4 Scheiben Speck
2 Bund Dill
1 Knoblauchzehe, gehackt
Alufolie

Zubereitung:

1. Forellen salzen und pfeffern. In den Bauch Speck, Dill und Knoblauch geben.

2. Forellen in Alufolie wickeln und 20 Minuten grillen.

6.3 Sardellen vom Grill

Für 4 Portionen
Zubereitungszeit:
40 Minuten
Schwierigkeitsgrad: mittel

Zutaten:

16 Sardellen, küchenfertig
3 Esslöffel Limettensaft
125 Milliliter Olivenöl
2 Knoblauchzehen, fein gehackt
1 Teelöffel Salz
1 Chilischote, gehackt
3 Esslöffel Kräuter der Provence, gehackt
4 Spieße

Zubereitung:

1. Sardellen aufklappen, Mittelgräte heraustrennen, Sardellen längs halbieren.

2. Marinade bereiten und Sardellen darin zwei Stunden ziehen lassen. Sardellen auf Spieße stecken und von jeder Seite 3 Minuten grillen.

6.4 Garnelen im Speckmantel

Für 4 Portionen
Zubereitungszeit:
30 Minuten
Schwierigkeitsgrad: leicht

Zutaten:

20 rohe Garnelen
20 Scheiben Bacon
6 Esslöffel Olivenöl
2 Knoblauchzehen, gepresst
Saft und Schale einer Zitrone
1 Esslöffel gehackte Oregano-Blätter
1 Messerspitze Chilipulver
1 Prise Meersalz
4 Spieße

Zubereitung:

1. Von den Garnelen Schale und Darm entfernen. Marinade bereiten und Garnelen darin 5 Stunden ziehen lassen.

2. Garnelen mit Speck umwickeln und auf die Spieße stecken. Von jeder Seite ca. drei Minuten grillen.

6.5 Kräuter-Zitronen-Dorade

Für 4 Portionen
Zubereitungszeit:
30 Minuten
Schwierigkeitsgrad: leicht

Zutaten:

4 küchenfertige Doraden
Saft von 3 Zitronen
Salz
3 Zweige Oregano
3 Zweige Thymian
3 Zweige Rosmarin
1 Esslöffel Olivenöl
2 unbehandelte Zitronen

Zubereitung:

1. Fische von innen und außen mit Zitronensaft beträufeln. Von den Kräutern die Blätter hacken und in die Fische legen.

2. Zitronen in Scheiben schneiden. Fische in Doppelrost legen, Zitronen darauf verteilen. Fische von jeder Seite 10 Minuten grillen.

6.6 Lachs-Zitronen-Spieße

Für 4 Portionen
Zubereitungszeit:
50 Minuten
Schwierigkeitsgrad: leicht

Zutaten:

500 Gramm Lachsfilet
2 Zitronen
Salz, Pfeffer
4 Grillspieße

Zubereitung:

1. Lachs in mundgerechte Stücke und Zitronen in Scheiben schneiden. Lachs salzen und pfeffern.

2. Im Wechsel Lachs und Zitronenscheiben auf die Spieße stecken. Von jeder Seite etwa 5 Minuten grillen.

6.7 Makrele im Schinkenmantel

Für 4 Portionen
Zubereitungszeit:
30 Minuten
Schwierigkeitsgrad: leicht

Zutaten:

4 küchenfertige Makrelen
8 Scheiben Schinken
4 Zweige Estragon
Salz, Pfeffer
40 Milliliter Weißwein
40 Milliliter Olivenöl
Zitronenspalten

Zubereitung:

1. Makrelen salzen und pfeffern. In jede Makrele einen Estragonzweig und eine Scheibe Schinken geben.

2. Makrelen mit Schinken umwickeln und in Alufolie legen. Fische mit Olivenöl bestreichen und etwas Wein dazugeben.

3. Folie fest verschließen. Fische etwa 10 Minuten grillen.

6.8 Jakobsmuscheln mit Speck

Für 4 Portionen
Zubereitungszeit:
30 Minuten
Schwierigkeitsgrad: leicht

Zutaten:

24 Jakobsmuscheln mit Schale
24 Scheiben Bacon
4 Spieße

Zubereitung:

1. Fleisch vorsichtig aus den Muscheln lösen und den Rogen entfernen.

2. Muscheln mit Speck umwickeln und auf die Spieße stecken. Von jeder Seite etwa 4 Minuten grillen.

6.9 Fischfilet im Zucchini-Mantel

Für 4 Portionen
Zubereitungszeit:
30 Minuten
Schwierigkeitsgrad: leicht

Zutaten:

4 Viktoriaseebarschfilets
2 Zucchini
Salz, Pfeffer
3 Esslöffel Zitronensaft
3 Esslöffel Olivenöl
3 Esslöffel Oregano, gehackt

Zubereitung:

1. Zucchini längs in dünne Scheiben schneiden und die Scheiben in Salzwasser kurz aufkochen.

2. Fischfilets quer halbieren, salzen, pfeffern und mit Zitronensaft beträufeln. Jedes Stück Fisch mit zwei Zucchinischeiben umwickeln und mit einem

Holzstäbchen zusammenhalten.

3. Mit Olivenöl bestreichen. Fischpäckchen in der Aluschale etwa 6 Minuten grillen.

6.10 Garnelenspieß mit Ananas und Papaya

Für 4 Portionen
Zubereitungszeit:
30 Minuten
Schwierigkeitsgrad: leicht

Zutaten:

12 Riesengarnelen
½ Papaya
½ Ananas
Saft einer halben Zitrone
2 Esslöffel Orangensaft
1 Esslöffel Honig
1 Esslöffel Sesamöl
2 Esslöffel Sojasauce
Salz

Zubereitung:

1. Von den Garnelen Kopf, Schale und Darm entfernen. Aus Säften, Salz und Honig eine Marinade bereiten.

2. Garnelen etwa 30 Minuten darin ziehen lassen. Ananas und Papaya in Würfel schneiden. Im Wechsel Garnelen, Ananas und Papaya auf die Spieße stecken. Von jeder Seite drei Minuten grillen.

7. Die leckersten Bratkartoffelrezepte

Die perfekte Begleitung zu gegrilltem Fisch oder Fleisch sind Bratkartoffeln. Du kannst sie in verschiedenen Varianten bereiten, auch als Ofenkartoffeln und Kartoffelspieße.

7.1 Ofenkartoffeln

Für 2 Portionen
Zubereitungszeit: 1 Stunde
Schwierigkeitsgrad: leicht

Zutaten:

4 große mehligkochende Kartoffeln
2 Esslöffel Öl

Zubereitung:

1. Kartoffeln gründlich waschen. Auf ein Blech legen, mit Öl einstreichen und im vorgeheizten Backofen bei Ober- und Unterhitze 50 Minuten backen, falls zu wenig Platz am Griller ist.

7.2 Rosmarin/Olivenöl Bratkartoffel

Für 4 Portionen
Zubereitungszeit: 1 Stunde
Schwierigkeitsgrad: leicht

Zutaten:

1,2 kg Kartoffeln
4 Zweige Rosmarin
3 Esslöffel Olivenöl
Salz

Zubereitung:

1. Kartoffeln gründlich waschen und längs halbieren. Von den Rosmarinzweigen die Nadeln abstreifen und hacken.

2. Kartoffeln mit Olivenöl, Rosmarin und Salz in Alufolie wickeln. Vor dem Fleisch auf den Grill legen. Ca. 45 Minuten grillen.

7.3 Bratkartoffeln mit Zwiebeln

Für 4 Portionen
Zubereitungszeit: 1 Stunde
Schwierigkeitsgrad: leicht

Zutaten:

1 kg Kartoffeln
2 Zwiebeln
Olivenöl
Salz

Zubereitung:

1. Kartoffeln mit Schale fast gar kochen. Abkühlen lassen und pellen. In Scheiben schneiden.

2. Zwiebeln in Ringe schneiden. In eine Aluschale auf den Grill geben und erhitzen.

3. Zwiebeln darin anbraten, Kartoffeln dazugeben und salzen. Kartoffeln in der Aluschale unter Wenden fertigbraten.

7.4 Folienkartoffeln

Für 4 Portionen
Zubereitungszeit:
45 Minuten
Schwierigkeitsgrad: leicht

Zutaten:

8 große Kartoffeln
Alufolie

Zubereitung:

1. Kartoffeln mit Schale in Wasser vorgaren. In Alufolie einwickeln und in die Glut legen.

2. Etwa 30 Minuten backen. Dazu passt Kräuterquark.

7.5 Gefüllte Kartoffeln

Für 8 Portionen
Zubereitungszeit: 1 Stunde
Schwierigkeitsgrad: leicht

Zutaten:

4 große Kartoffeln
150 Gramm Mozzarella
20 Gramm Parmesan
3 Esslöffel Sahne
20 Gramm Butter
1 Esslöffel Senf

Zubereitung:

1. Kartoffeln fast gar kochen, der Länge nach halbieren und den oberen Bereich aushöhlen.

2. Das Ausgehöhlte von den Kartoffeln zusammen mit den übrigen Zutaten verrühren und wieder in die Kartoffeln füllen. Kartoffeln ca. 20 Minuten grillen.

7.6 Kartoffelspieße

Für 4 Portionen
Zubereitungszeit: 1 Stunde
Schwierigkeitsgrad: leicht

Zutaten:

500 Gramm kleine Kartoffeln
250 Gramm Zwiebeln
2 Knoblauchzehen, fein gehackt
3 Esslöffel Olivenöl
1 Chilischote, gehackt
½ Teelöffel Koriander
Salz, Pfeffer
4 Spieße

Zubereitung:

1. Kartoffeln fast gar kochen und dann pellen. Zwiebeln in Stücke schneiden.

2. Aus den übrigen Zutaten eine Marinade bereiten und Kartoffeln eine Stunde darin ziehen lassen.

3. Kartoffeln und Zwiebeln abwechselnd auf die Spieße

stecken und von jeder Seite 10 Minuten grillen.

7.7 Kartoffeln im Speck-Rosmarin-Mantel

Für 4 Portionen
Zubereitungszeit: 1 Stunde
Schwierigkeitsgrad: leicht

Zutaten:

12 Kartoffeln, je ca. 10 Gramm
24 Scheiben Bacon
2 Zweige Rosmarin
50 Gramm Butter
Salz, Pfeffer

Zubereitung:

1. Kartoffeln fast gar kochen und pellen. Vom Rosmarin die Nadeln abziehen. Je zwei Scheiben Speck etwas überlappend legen und darauf Rosmarinnadeln, Salz und Pfeffer geben.

2. Kartoffeln einschneiden und in die Einschnitte Butterflöckchen setzen. Kartoffeln in Speck einwickeln und mit einem Holzstäbchen zusammenstecken. In der Aluschale unter Wenden ca. 12 Minuten grillen.

7.8 Knusprige Kartoffelecken vom Grill

Für 4 Portionen
Zubereitungszeit: 1 Stunde
Schwierigkeitsgrad: leicht

Zutaten:

1 kg Kartoffeln
Salz

Zubereitung:

1. Kartoffeln mit Schale fast garkochen, pellen.

2. Kartoffeln in Spalten schneiden und in eine Aluschale auf dem Grill geben.

3. Salzen und knusprig grillen. Dabei immer wieder wenden.

8. Vegane & Vegetarische Grillrezepte & Grillgemüse

Mit leckerem Gemüse vom Grill kommen auch Veganer und Vegetarier auf ihre Kosten. Das Gemüse ist auch eine ideale Bereicherung zu Fleisch. Auf dem Grill entfaltet das Gemüse sein Aroma besonders gut.

8.1 Gegrillte Avocado mit Tomatensalsa

Für 4 Portionen
Zubereitungszeit:
30 Minuten
Schwierigkeitsgrad: leicht

Zutaten:

4 Avocados
3 Tomaten, gewürfelt
2 Knoblauchzehen, gehackt
2 Frühlingszwiebeln, in Ringe
½ Bund Petersilie, gehackt
1 Esslöffel Zitronensaft
1 Teelöffel Olivenöl
Salz, Pfeffer

Zubereitung:

1. Avocados halbieren, Kerne herausnehmen. Tomaten mit den übrigen Zutaten mischen.
2. Schnittfläche der Avocados mit Olivenöl bestreichen.
3. Avocados mit der Schnittfläche auf den Grill legen und 4 Minuten grillen. Sofort die Tomaten-Salsa einfüllen.

8.2 Gefüllte Champignons

Für 3 Portionen
Zubereitungszeit:
20 Minuten
Schwierigkeitsgrad: leicht

Zutaten:

6 große Champignons
20 Gramm Roquefort, zerkrümelt
20 Gramm Edamer, gerieben
3 Esslöffel Kräuterbutter
Worcestersauce

Zubereitung:

1. Von den Champignons Stiele und Lamellen entfernen. Käse mischen und in die Pilze füllen.

2. Etwas Kräuterbutter auf die Pilze geben. Champignons etwa 1 Minute bei direkter Hitze grillen, dann noch 5 Minuten zugedeckt grillen.

3. Einige Spritzer Worcestersauce über die Champignons geben.

8.3 Paprikaschoten mit Käsefüllung

Für 4 Portionen

Zubereitungszeit:
30 Minuten
Schwierigkeitsgrad: leicht

Zutaten:

4 rote Spitzpaprika
100 Gramm Mozzarella
100 Gramm Frischkäse
80 Gramm Parmesan, gerieben
2 Scheiben Toastbrot
Pfeffer, Salz
2 Esslöffel getrockneter Thymian
2 Esslöffel Öl

Zubereitung:

1. Von den Paprikaschoten den Deckel und die Kerne entfernen. Käse mit Pfeffer, Salz und Thymian mischen und in die Paprikaschoten füllen.

2. Öffnung der Paprikaschoten mit Toastbrot verschließen. Paprikaschoten mit Öl bestreichen und unter Wenden ca. 20 Minuten grillen.

8.4 Kräuter-Champignons

Für 4 Portionen
Zubereitungszeit:
20 Minuten
Schwierigkeitsgrad: leicht

Zutaten:

16 große Champignons
7 Esslöffel Rapsöl
3 Knoblauchzehen, fein gehackt
1 Zweig Salbei
1 Zweig Oregano
2 Zweige Thymian
2 Zweige Rosmarin
Salz

Zubereitung:

1. Von den Zweigen die Blätter entfernen und hacken. Mit Knoblauch und Öl vermischen.

2. Champignons putzen und von beiden Seiten mit der Kräutermischung bestreichen. Champignons von jeder Seite 3 Minuten grillen und salzen.

8.5 Zucchini mit Schafskäse

Für 4 Portionen
Zubereitungszeit:
20 Minuten
Schwierigkeitsgrad: leicht

Zutaten:

4 Zucchini
100 Gramm Schafskäse
½ Esslöffel Paprikapulver
4 Teelöffel Olivenöl
1 Esslöffel Kräuter der Provence, getrocknet
Salz, Pfeffer

Zubereitung:

1. Zucchini in Scheiben schneiden, würzen und von beiden Seiten 3 Minuten grillen.

2. Schafskäse auf die Zucchinischeiben geben, mit Kräutern bestreuen und grillen, bis der Käse zu schmelzen beginnt.

8.6 Mediterranes Grillgemüse

Für 4 Portionen
Zubereitungszeit:
30 Minuten
Schwierigkeitsgrad: leicht

Zutaten:

1 rote und 1 gelbe Paprikaschote
2 Zucchini
1 Aubergine
3 getrocknete Tomaten in Öl
1 Knoblauchzehe, fein gehackt
2 Zwiebeln
Salz, Pfeffer
4 Esslöffel Olivenöl
2 Esslöffel frischer Thymian, gehackt

Zubereitung:

1. Zucchini und Auberginen längs in Scheiben schneiden. Paprika in Streifen, Zwiebel in Stücke schneiden.
2. Aus den übrigen Zutaten eine Marinade bereiten und Gemüse

darin ziehen lassen. Gemüse in einer Aluschale 10 Minuten grillen, dabei wenden.

8.7 Paprikaspieße

Für 4 Portionen
Zubereitungszeit:
30 Minuten
Schwierigkeitsgrad: leicht

Zutaten:

Je 1 rote, gelbe, orangefarbene und grüne Paprikaschote
10 Rosmarinzweige
6 Knoblauchzehen, in Scheiben
1 Esslöffel Pfefferkörner, im Mörser zerrieben
250 Milliliter Olivenöl
Salz

Zubereitung:

1. Paprikaschoten in mundgerechte Stücke schneiden, kurz blanchieren, abschrecken und auf die Rosmarinzweige stecken.

2. Knoblauch, Pfefferkörner und Olivenöl mischen und die Paprikaspieße darin 30 Minuten marinieren. Paprikaspieße ca. 12 Minuten grillen und dabei wenden. Zum Schluss salzen.

8.8 Gemüsepäckchen mit Mozzarella

Für 4 Portionen
Zubereitungszeit:
30 Minuten
Schwierigkeitsgrad: leicht

Zutaten:

400 Gramm Zucchini
300 Gramm Kirschtomaten
250 Gramm Mozzarella
2 Esslöffel Kräuter der Provence
2 Rosmarinzweige
6 Esslöffel Olivenöl
Salz, Pfeffer

Zubereitung:

1. Zucchini in 8 Scheiben schneiden, Tomaten halbieren. Mozzarella in 8 Scheiben schneiden.

2. Vom Rosmarin die Nadeln entfernen, hacken, mit Öl und Kräutern der Provence mischen. Aus Alufolie 8 Nester formen.

3. In jedes Nest 1 Zucchinischeibe geben. Kirschtomaten und 1 Scheibe Mozzarella darauflegen, Kräuteröl daraufgeben. Päckchen verschließen und 10 Minuten grillen.

8.9
Gemüsespieße

Für 4 Portionen
Zubereitungszeit:
30 Minuten
Schwierigkeitsgrad: leicht

Zutaten:

500 Gramm
Paprikaschoten
400 Gramm Zucchini
400 Gramm Auberginen
200 Gramm Champignons
Salz
2 Esslöffel Olivenöl
Spieße

Zubereitung:

1. Pilze putzen. Zucchini und Auberginen in Scheiben, Paprika und Zwiebeln in Stücke schneiden.

2. Gemüse abwechselnd auf die Spieße stecken und mit Olivenöl bestreichen.

3. Gemüsespieße 12 Minuten unter Wenden grillen und salzen.

9. Frische Salate

Erst mit frischen Salaten wird deine Grillparty perfekt. Kartoffelsalat, Nudelsalat oder Schichtsalat sind ohne viel Mühe zubereitet und ergänzen Fleisch, Fisch und Gemüse.

9.1 Nudelsalat mit Bohnen und Mozzarella

Für 6 Portionen
Zubereitungszeit:
20 Minuten
Schwierigkeitsgrad: leicht

Zutaten:

250 Gramm Mozzarella
400 Gramm Nudeln nach Wahl
6 Esslöffel Olivenöl
2 Paprikaschoten
300 Gramm Kidney-Bohnen
300 Gramm Tomaten
3 Knoblauchzehen, fein gehackt
1 Chilischote, gehackt
6 Stiele Minze
Salz, Pfeffer
3 Esslöffel Zitronensaft

Zubereitung:

1. 125 Gramm Mozzarella in Milch erhitzen, pürieren und 2 Stunden ziehen lassen.

2. Paprikaschoten in kleine Stücke schneiden, mit Bohnen, Knoblauch und Chilischote mischen. Halbierte Tomaten dazugeben.

3. Nudeln kochen, abkühlen lassen. Übrigen Mozzarella in Stücke schneiden. Mit dem pürierten Mozzarella und

den übrigen Zutaten unter die Nudeln heben.

9.2 Bayrischer Kartoffelsalat

Für 4 Portionen
Zubereitungszeit:
20 Minuten
Schwierigkeitsgrad: leicht

Zutaten:

1 kg Kartoffeln
70 Gramm Schinkenwürfel
2 Zwiebeln, in Würfel
3 Esslöffel Essig
1 Teelöffel Öl
1 Teelöffel Kümmel
1 Teelöffel Zucker
½ Salatgurke, geraspelt
100 Milliliter Gemüsebrühe
1 Teelöffel Senf
Salz, Pfeffer

Zubereitung:

1. Kartoffeln mit Schale in Salzwasser mit Kümmel kochen und pellen.

2. Schinkenwürfel anbraten, Zwiebeln mitbraten. Mit Brühe und Essig ablöschen.

3. Pfeffer, Salz, Zucker und Senf dazugeben. Kartoffeln in Scheiben schneiden und mit den übrigen Zutaten mischen.

9.3 Exotischer Reissalat

Für 6 Portionen
Zubereitungszeit:
20 Minuten
Schwierigkeitsgrad: leicht

Zutaten:

300 Gramm Reis
3 Zwiebeln, gewürfelt
1 Dose Ananas (400 Gramm)
1 Dose Mandarinen (200 Gramm)
2 Bananen, in Scheiben
250 Milliliter Schlagsahne
6 Esslöffel Öl
250 Gramm Mayonnaise
2 Esslöffel Currypulver

Salz

Zubereitung:

1. Reis kochen, abkühlen lassen. Mit den übrigen Zutaten zu Salat vermischen.

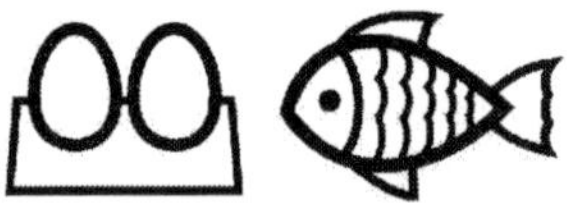

9.4 Sieben-Tassen-Salat

Für 6 Portionen
Zubereitungszeit: 20 Minuten
Schwierigkeitsgrad: leicht

Zutaten:

1 Tasse Pellkartoffeln, in Würfel oder Scheiben
1 Tasse Äpfel, in Würfel
1 Tasse Eier, gewürfelt
1 Tasse Zwiebeln, gewürfelt
1 Tasse Gewürzgurken, geraspelt
1 Tasse Matjeshering, gewürfelt
1 Tasse Mayonnaise
Salz, Pfeffer, Senf

Zubereitung:

1. Aus Mayonnaise, Salz, Pfeffer und Senf ein Dressing bereiten.
2. Alle Zutaten vermischen und das Dressing unterrühren.

9.5 Schichtsalat

Für 6 Portionen
Zubereitungszeit: 1 Stunde
Schwierigkeitsgrad: leicht

Zutaten:

2 Salatherzen, in Streifen geschnitten
2 Paprikaschoten, in Stücke geschnitten
250 Gramm Tiefkühl-Erbsen, aufgetaut
2 Zwiebeln, gewürfelt
1 Glas Sellerieschnitzel
4 Eier, gewürfelt
1 Glas Mayonnaise
2 Esslöffel Zucker
250 Gramm Schinkenwürfel
250 Gramm Reibekäse

Zubereitung:

1. Schinkenwürfel anbraten. Alle Zutaten so wie in der Zutatenliste angegeben der Reihe nach in eine Schüssel schichten.

2. Über Nacht durchziehen lassen.

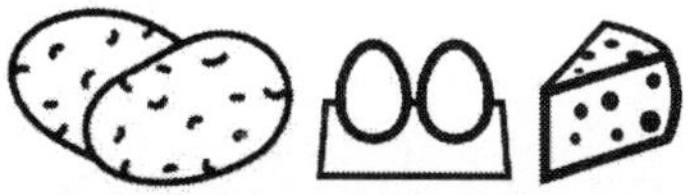

9.6 Kartoffelsalat mit Ei und Käse

Für 8 Portionen
Zubereitungszeit: 1 Stunde
Schwierigkeitsgrad: leicht

Zutaten:

1,5 kg Kartoffeln
1 Glas Mayonnaise
5 Gewürzgurken, gewürfelt
2 große Zwiebeln, gewürfelt
250 Gramm geriebener Käse
3 Eier, gewürfelt
1 Glas Mayonnaise
1 Esslöffel Senf
1 Esslöffel Zucker
Salz, Pfeffer

Zubereitung:

1. Kartoffeln kochen, pellen und abkühlen lassen. Kartoffeln in Würfel schneiden und mit Gurken, Zwiebeln, Eiern und Käse mischen.

2. Aus Mayonnaise, Salz, Pfeffer, Zucker und Senf ein Dressing bereiten und unter den Salat heben.

9.7 Nudelsalat mit Broccoli

Für 3 Portionen
Zubereitungszeit:
30 Minuten
Schwierigkeitsgrad: leicht

Zutaten:

250 Gramm Nudeln
250 Gramm Broccoli
4 Lauchzwiebeln, in Ringe
1 Chilischote, gehackt
10 schwarze Oliven ohne Stein, grob geschnitten
30 Gramm Walnüsse, grob gehackt

5 Esslöffel Olivenöl
4 Esslöffel Weinessig
1 Esslöffel Worcestersauce
1 Esslöffel Tomatenketchup
100 Gramm Gorgonzola
Einige Blätter Rucola

Zubereitung:

1. Nudeln kochen und abschrecken. Broccoli in kleine Röschen teilen und kochen.

2. Broccoli und Chilischote im Öl anbraten. Ketchup, Essig und Worcestersauce dazugeben. Zwiebeln, Nüsse und Oliven unterheben, alles mit den Nudeln mischen.

3. Gorgonzola und Rucola auf den Salat geben.

9.8 Bruschetta Nudelsalat

Für 6 Portionen
Zubereitungszeit:
30 Minuten
Schwierigkeitsgrad: leicht

Zutaten:

500 Gramm Nudeln
600 Gramm Tomaten, gewürfelt
1 Zwiebel, gewürfelt
2 Knoblauchzehen, fein gewürfelt
4 Esslöffel Balsamico-Essig
1 Esslöffel Olivenöl
Salz, Pfeffer
1 Handvoll Basilikum, grob gehackt

Zubereitung:

1. Nudeln kochen und abschrecken. Die anderen Zutaten, bis auf Basilikum, mischen und 15 Minuten ziehen lassen.

2. Nudeln und Basilikum dazugeben und verrühren.

10. Grill Saucen & Dips

Mit der richtigen Grillsauce oder einem Dip wird der Grillgenuss abgerundet. Die Saucen und Dips kannst du ohne viel Mühe selber machen.

10.1 Curry Ketchup

Für 2 Flaschen zu je 600 Milliliter
Zubereitungszeit:
50 Minuten
Schwierigkeitsgrad: leicht

Zutaten:

1,5 kg Tomaten
2 Zwiebeln, gewürfelt
2 Knoblauchzehen, gepresst
1 Teelöffel Tomatenmark
2 Esslöffel Öl
2 Esslöffel Currypulver
125 Gramm Zucker
100 Milliliter Essig
1 Teelöffel Senfpulver
Salz, Pfeffer

Zubereitung:

1. Tomaten würfeln. Öl erhitzen, Zwiebeln und Knoblauch darin anbraten.
2. Tomaten und übrige Zutaten dazugeben und 45 Minuten köcheln lassen. Ketchup pürieren und in Flaschen füllen.

10.2 Schafskäsequark

Für 6 Portionen
Zubereitungszeit: 15 Minuten

Schwierigkeitsgrad: leicht

Zutaten:

250 Gramm Quark
100 Gramm Schafskäse
1 Teelöffel abgeriebene Zitronenschale
2 Knoblauchzehen, gepresst
6 Stiele Petersilie, fein gehackt
4 Esslöffel Mineralwasser
Salz, Pfeffer

Zubereitung:

Alle Zutaten gut mischen.

10.3 Ajvar-Dip

Für 8 Portionen
Zubereitungszeit: 15 Minuten
Schwierigkeitsgrad: leicht

Zutaten:

1 Paprikaschote, in feine Würfel geschnitten
175 Gramm Frischkäse
4 Esslöffel Ajvar
4 Esslöffel Milch
1 Teelöffel Schnittlauch, gehackt
Salz, Pfeffer

Zubereitung:

Alle Zutaten gut vermischen.

10.4 Grüne Sauce

Für 6 Portionen
Zubereitungszeit: 15 Minuten
Schwierigkeitsgrad: leicht

Zutaten:

2 hart gekochte Eier
10 Stiele Petersilie, fein gehackt
3 Esslöffel Olivenöl
1 Bund Schnittlauch, gehackt
3 Teelöffel Senf
4 Esslöffel Weinessig
150 Gramm Schmand
150 Gramm saure Sahne
Salz, Pfeffer

Zubereitung:
Eier fein hacken. Alle Zutaten gut mischen.

10.5 Bärlauch-Zaziki

Für 2 Portionen
Zubereitungszeit:
20 Minuten
Schwierigkeitsgrad: leicht

Zutaten:

150 Gramm Joghurt
1 Salatgurke
1 Bund Bärlauch
3 Esslöffel Olivenöl
1 Teelöffel Essig
4 Scheiben Toastbrot
1 Paprikaschote, fein gewürfelt
50 Gramm Feta
2 Frühlingszwiebeln, in Ringe geschnitten
Salz, Pfeffer

Zubereitung:

1. Gurke raspeln. Toast in Würfel schneiden und in 2 Esslöffel Öl anbraten.
2. Die übrigen Zutaten vermischen. Toastwürfel darübergeben.

10.6 Sour-Cream-Dip

Für 4 Portionen
Zubereitungszeit:
15 Minuten
Schwierigkeitsgrad: leicht

Zutaten:

200 Gramm Creme fraiche
100 Gramm Magerquark
150 Gramm Joghurt
100 Gramm Schlagsahne
3 Esslöffel Zucker
3 Esslöffel Essig
5 Esslöffel Wildfire Spice
Salz, Pfeffer

Zubereitung:

Alle Zutaten gut mischen.

10.7 Kürbiskern-Quark

Für 4 Portionen
Zubereitungszeit:
20 Minuten
Schwierigkeitsgrad: leicht

Zutaten:

500 Gramm Quark
3 Esslöffel Kürbiskerne
2 Esslöffel Kürbiskernöl
2 Esslöffel Kresse
1 Bund Radieschen
1 Teelöffel Zitronenschale
Salz, Pfeffer

Zubereitung:

1. Kürbiskerne rösten und abkühlen lassen. Einige Radieschen zur Dekoration zurücklassen.

2. Die übrigen Radieschen grob schneiden. Alle Zutaten gut vermischen.

10.8 Guacamole

Für 4 Portionen
Zubereitungszeit:
20 Minuten
Schwierigkeitsgrad: leicht

Zutaten:

20 Gramm Koriandergrün, gehackt
2 Avocados
2 Zwiebeln, gewürfelt
2 Chilischoten, fein gehackt
2 Tomaten, fein gewürfelt
Salz, Pfeffer

Zubereitung:

1. Fruchtfleisch der Avocados lösen und mit der Gabel zerdrücken.

2. Die übrigen Zutaten untermischen.

11. Welche Käsesorten eignen sich fürs Grillen?

Käse vom Grill ist eine besondere Leckerei. Der zarte Schmelz und das wunderbare Aroma bieten auf dem Grill ein einzigartiges Geschmackserlebnis. Verschiedene Käsesorten sind besonders gut zum Grillen geeignet. Käse sollte einen hohen Schmelzpunkt haben, damit er auf dem Grill nicht so schnell zerfließt.

Halloumi ist der bekannteste Grillkäse. Er hat seinen Ursprung in Zypern. Es handelt sich dabei um einen halbfesten Schnittkäse, der aus Kuh-, Schafs- oder Ziegenmilch besteht. Typisches Merkmal von Halloumi ist das Quietschen zwischen den Zähnen beim Kauen. Möchtest du Halloumi grillen, kannst du ihn vorher mit Kräutern und Gewürzen marinieren, um ihm eine besondere Geschmacksnote zu verleihen. Halloumi kann direkt auf dem Rost gegrillt werden.

Sehr gut zum Grillen ist Feta geeignet, der klassische Schafskäse. Aufgrund seiner besonderen Konsistenz kann er direkt auf dem Rost gegrillt werden.

Raclette-Käse hat seinen Ursprung im Schweizer Kanton Wallis und wird vorrangig zum Überbacken genutzt. Dieser Schnittkäse hat einen würzigen Geschmack und ist leichtschmelzend. Der Fettgehalt von Raclette liegt bei mehr als 50 Prozent.

Gouda ist ein holländischer Schnittkäse und eignet sich sehr gut zum Grillen. Die Konsistenz von Gouda unterscheidet sich, abhängig vom Reifegrad. Er ist umso milder und weicher, je jünger er ist. Möchtest du Gouda grillen, solltest du eine Grillschale verwenden. Je älter und reifer der Gouda ist, desto besser eignet er sich zum Grillen.

Emmentaler hat seinen Ursprung in der Schweiz und einen Fettgehalt von 45 Prozent. Er hat einen wunderbar nussigen Geschmack. Er eignet sich weniger zum direkten Grillen. Zum Überbacken von Fleisch auf dem Grill ist er jedoch hervorragend geeignet.

Weichkäse wie Camenbert oder Blauschimmelkäse eignen sich nicht zum direkten Grillen. Sie können jedoch zum Verfeinern von Grillgut verwendet werden.

12. Tipps fürs Käse grillen

Abhängig davon, welche Art vom Käse du grillen möchtest, kannst du ihn entweder direkt auf dem Rost oder in einer Aluschale grillen. Es kommt zusätzlich darauf an, wie du den Käse behandelst. Pinselst du den Käse nur leicht mit Öl ein, kannst du ihn direkt auf dem Rost grillen. Halloumi oder Feta sind dafür geeignet. Der Käse bekommt beim direkten Grillen ein schönes Muster vom Grillrost.

Du kannst den Käse jedoch auch marinieren und dafür eine Marinade mit Öl, etwas Essig, Kräutern und Gewürzen bereiten. Bei einer Marinade solltest du eine Aluschale verwenden oder den Käse in Alufolie einwickeln, damit das Öl nicht in die Glut tropft.

Zum Marinieren von Käse ist Olivenöl besonders gut geeignet. Du kannst einen Schuss Wein- oder Apfelessig verwenden. Als Alternative zu Essig eignet sich Zitronensaft. Als Kräuter kannst du gehacktes Basilikum, gehackte Rosmarinnadeln, gehackten Oregano oder etwas Thymian verwenden. Magst du es orientalisch, kannst du gehackte Minze in die Marinade geben. Eine besondere Note bekommt dein Grillkäse, wenn du eine gehackte Knoblauchzehe für die Marinade verwendest. Eine Chilischote in der Marinade sorgt für eine würzig-pikante Geschmacksnote. Als Gewürze kannst du Salz, Pfeffer und Paprika verwenden. Die Marinade kannst du mit etwas Honig aufpeppen, um den Käse mild-würzig zu machen.

Da Käse bereits essbereit ist, kommt es nicht darauf an, ob er durchgegrillt wird. Käse benötigt nur eine kurze Grillzeit. Abhängig von der Dicke des Grillkäses reicht es aus, ihn von jeder Seite maximal 4 Minuten zu grillen. Für den Käse kannst du die Restwärme deines Grills ausnutzen. Du kannst den Käse im Anschluss an das Fleisch oder den Fisch grillen. Käse muss nicht auf der heißesten Zone gegrillt werden. Es reicht aus, ihn am Rande des Grillrostes zu grillen.

13. Beilagen & Snacks

Das Tüpfelchen auf dem I bei einer Grillparty sind vielfältige Beilagen und Snacks vom Grill. Bei solchen Snacks sind deiner Fantasie keine Grenzen gesetzt. Du kannst herzhafte und fruchtige Beilagen bereiten.

13.1 Gegrillte Kräutertomaten

Für 4 Portionen
Zubereitungszeit:
10 Minuten
Schwierigkeitsgrad: leicht

Zutaten:

8 Fleischtomaten
Olivenöl
1 Esslöffel frischer Oregano, gehackt
2 Knoblauchzehen, fein gehackt
Salz, Pfeffer

Zubereitung:

1. Tomaten quer halbieren, mit Öl bestreichen und mit der Schnittfläche auf dem Rost kurz grillen.

2. Tomaten mit Oregano und Gewürzen bestreuen.

13.2 Ananas-Speck-Ringe

Für 4 Portionen
Zubereitungszeit:
15 Minuten
Schwierigkeitsgrad: leicht

Zutaten:

12 Scheiben Ananas
24 Scheiben Bacon

Zubereitung:

1. Jede Scheibe Ananas mit 2 Scheiben Bacon umwickeln.

2. Von jeder Seite etwa 2 Minuten grillen.

13.3 Zwiebelringe im Speckmantel

Für ca. 15 Ringe
Zubereitungszeit:
15 Minuten
Schwierigkeitsgrad: leicht

Zutaten:

2 große Gemüsezwiebeln
Etwa 30 Scheiben Bacon
BBQ-Sauce

Zubereitung:

1. Gemüsezwiebeln in Scheiben schneiden und für jeden Ring mindestens zwei Zwiebelringe verwenden.

2.Die Ringe mit BBQ-Sauce bestreichen. Jeden Ring mit zwei Scheiben Bacon umwickeln und von jeder Seite etwa 2 Minuten grillen.

13.4 Gegrillte Süßkartoffel

Für 4 Portionen
Zubereitungszeit:
30 Minuten
Schwierigkeitsgrad: leicht

Zutaten:

500 Gramm Süßkartoffeln
1 Esslöffel Zitronensaft
3 Esslöffel Olivenöl
Salz, Pfeffer

Zubereitung:

1. Kartoffeln in 2 cm breite Scheiben schneiden und in Salzwasser bissfest kochen. Olivenöl mit Zitronensaft und Gewürzen verrühren.

2. Kartoffeln darin schwenken und unter Wenden 10 Minuten grillen.

13.5 Gegrillte Zitronen

Für 4 Portionen
Zubereitungszeit:
45 Minuten
Schwierigkeitsgrad: leicht

Zutaten:

2 Zitronen
250 Gramm Mozzarella
8 grüne Oliven ohne Stein
8 Kirschtomaten
4 Sardellenfilets
1 Chilischote, fein gehackt
Einige Blättchen Basilikum
Salz, Pfeffer

Zubereitung:

1. Zitronen halbieren, auspressen. Auf jeder Seite der Zitrone ein Stück abschneiden für einen besseren Stand auf dem Grill.

2. Vom Mozzarella eine Hälfte würfeln, die andere Hälfte in Scheiben schneiden.

3. In jede Hälfte der Zitronen einige Würfel Mozzarella, Chilischote, 1 Sardellenfilet, 2 Kirschtomaten und 2 Oliven füllen. Salzen und pfeffern.

4. Auf jede Zitronenhälfte eine Scheibe Mozzarella legen. Etwa 15 Minuten grillen.

13.6 Pflaumen im Speckmantel

Für 4 Portionen
Zubereitungszeit:
20 Minuten
Schwierigkeitsgrad: leicht

Zutaten:

20 Trockenpflaumen
10 Scheiben Bacon
20 Holzzahnstocher

Zubereitung:

1. Baconscheiben quer halbieren. Jede Pflaume mit einer halben Baconscheibe umwickeln und mit einem Zahnstocher zusammenstecken.

2. Unter Wenden 5 Minuten grillen.

13.7 Pfirsichhälften mit Ziegenkäse

Für 8 Portionen
Zubereitungszeit:
30 Minuten
Schwierigkeitsgrad: leicht

Zutaten:

8 Pfirsichhälften aus der Dose
200 Gramm Ziegenfrischkäse
1 Esslöffel Pfirsichkonfitüre
Einige Blättchen Minze
Salz, Pfeffer

Zubereitung:

1. Pfirsichhälften mit der Konfitüre bestreichen. Ziegenkäse mit Pfeffer und Salz mischen.

2. Auf jede Pfirsichhälfte einen Klecks Ziegenkäse geben und Minzeblättchen darauflegen. In der Aluschale solange grillen, bis der Käse zu schmelzen beginnt.

13.8 Snack-Paprika mit Feta-Creme

Für 5 Portionen
Zubereitungszeit:
30 Minuten
Schwierigkeitsgrad: leicht

Zutaten:

15 Snackpaprika
100 Gramm Frischkäse
200 Gramm Feta
Zitronensaft, Pfeffer

Zubereitung:

1. Paprika halbieren, Kerne entfernen. Feta mit Frischkäse, Zitronensaft und Pfeffer mischen und in die Paprikahälften füllen.

2. In der Aluschale etwa 8 Minuten grillen.

14. Das perfekte Stockbrot

Stockbrot ist rustikal und passt perfekt zu Gegrilltem. Es kann direkt auf dem Grill bereitet werden. Die Zubereitung von Stockbrot ist ganz einfach. Stockbrot kannst du mit und ohne Hefe bereiten. Ist die Zeit knapp, solltest du dein Stockbrot ohne Öl bereiten. Das klappt am besten mit einem unkomplizierten Quark-Öl-Teig, der auch Back-Anfängern gelingt.

Für ein gutes Gelingen von Stockbrot kommt es auf das richtige Holz an. Das Holz sollte nicht zu trocken sein. Gut geeignet sind Buche, Weide und Haselnuss. Die Stöcke sollten ca. 150 cm lang sein, um Verbrennungen und ein Durchbiegen der Stöcke unter dem Gewicht des Teiges zu vermeiden. Am unteren Ende der Stöcke solltest du die Rinde entfernen. Du solltest das Holz etwa fünf Minuten über dem Feuer trocknen. Wichtig ist, dass das Holz nicht anbrennt. Die Spitze der Stöcke muss von Teig oder Folie umhüllt sein. Damit das Brot schneller durchgart, solltest du den Stock mit Alufolie umwickeln. Das Brot solltest du niemals ins offene Feuer halten, da es dann schwarz wird.

14.1 Rezept für Stockbrot aus Quark-Öl-Teig

Für 6 Portionen
Zubereitungszeit:
30 Minuten
Schwierigkeitsgrad: leicht

Zutaten:

150 Gramm Quark
6 Esslöffel Sonnenblumenöl
250 Gramm Mehl
1 Ei
2 Teelöffel Backpulver
1 Teelöffel Salz

Zubereitung:

1. Quark mit Ei, Öl und Salz mischen. Mehl mit Backpulver dazugeben und verkneten.

2.Aus dem Teig eine Kugel formen, in Klarsichtfolie wickeln und 15 Minuten ruhen lassen.

3. Den Teig in sechs Stücke teilen. Aus jedem Stück einen etwa 20 cm langen Streifen formen. Die Streifen sollten etwa fingerdick sein.

4. Um das Ende jeden Stocks einen Teigstreifen spiralförmig herumwickeln. Drücke den Teig an den Enden fest. Backe das Stockbrot unter Drehen etwa 12 Minuten über dem Feuer.

5. Das Stockbrot ist fertig, wenn es goldbraun ist und sich leicht vom Stock ziehen lässt.

15. Desserts zum Grillen

Auf dem Grill kannst du nicht nur herzhafte Sachen bereiten. Du kannst aus Obst und anderen Zutaten viele leckere Desserts zaubern, mit denen du zum Star deiner Grillparty wirst.

15.1 Gegrillte Schokobanane

Für 4 Portionen
Zubereitungszeit:
30 Minuten
Schwierigkeitsgrad: leicht

Zutaten:

4 Bananen
100 Gramm Vollmilchschokolade
2 Esslöffel Zitronensaft
Etwas Öl

Zubereitung:

1. Schale der Bananen und das Fruchtfleisch auf der Oberseite längs einschneiden. Etwas Zitronensaft auf das Fruchtfleisch geben.
2. Schokolade zerbrechen und in die Bananen füllen. Grill mit Öl bestreichen. Bananen mit der Hautseite auf den Grill legen und grillen, bis die Schokolade schmilzt.

15.2 Gegrilltes Eis

Für 5 Portionen
Zubereitungszeit:
30 Minuten
Schwierigkeitsgrad: leicht

500 Gramm Vanilleeis
5 Torteletts
Frisches Obst
4 Eier
Vanillepuddingpulver
¼ Liter Milch
Puderzucker

Zubereitung:

1. Pudding nach Packungsanleitung bereiten und in die Torteletts geben.

2. Früchte auf den Pudding legen. Aus Eiern und Puderzucker Eischnee bereiten. Eis auf die Torteletts füllen, mit Eischnee einhüllen. Grill einseitig mit Kohle anheizen.

3.Torteletts auf die Seite ohne Kohle legen und Grill abdecken. Torteletts etwa 2 Minuten grillen.

15.3 Flambierte Orangen

Für 4 Portionen
Zubereitungszeit:
15 Minuten
Schwierigkeitsgrad: leicht

Zutaten:

4 Orangen
2 Esslöffel Öl
4 Esslöffel Cognac

Zubereitung:

1. Orangen schälen und quer halbieren. Schnittfläche mit Öl einstreichen. Orangen mit der Schnittfläche auf den Grill legen und ca. 3 Minuten grillen.

2. Orangen auf eine feuerfeste Platte legen. Cognac über die Orangen geben und anzünden.

15.4 Gegrillte Wassermelone mit Minzzucker

Für 6 Portionen
Zubereitungszeit:
15 Minuten
Schwierigkeitsgrad: leicht

Zutaten:

½ Wassermelone
4 Esslöffel brauner Zucker
1 Limette
Einige Minzeblätter
2 Esslöffel Öl

Zubereitung:

1. Schale von der Limette abreiben und mit Minze und Zucker mischen.
2. Melone in dreieckige Stücke schneiden, mit Öl einstreichen und auf jeder Seite ca. 3 Minuten grillen.
3. Melonenstücke mit dem Zucker bestreuen.

15.5 Gegrillte Mango

Für 4 Portionen
Zubereitungszeit:
30 Minuten
Schwierigkeitsgrad: leicht

Zutaten:

3 Mangos
400 Milliliter Rotwein
8 Amarettini
1 Vanilleschote
1 Sternanis
75 Gramm Zucker
2 Esslöffel Öl

Zubereitung:

1. Vanilleschote längs aufschneiden und mit Rotwein, Zucker und Sternanis solange kochen, bis die Mischung eine sirupartige Konsistenz annimmt.

2. Vanilleschote und Sternanis herausnehmen. Mango halbieren, schälen, vom Kern lösen und in Spalten schneiden. Spalten mit Öl einstreichen und unter Wenden 4 Minuten grillen.

3. Rotweinsirup und zerbröselte Amarettini darübergeben.

15.6 Bananen mit Zimt-Orangen-Sauce

Für 4 Portionen
Zubereitungszeit:
30 Minuten
Schwierigkeitsgrad: leicht

Zutaten:

4 Bananen
500 Milliliter Orangensaft
2 Teelöffel Orangenschale
2 Esslöffel brauner Zucker
2 Esslöffel Puderzucker
2 Esslöffel Butter
2 Esslöffel Mandelblättchen, geröstet
½ Teelöffel Zimt, gemahlen

Zubereitung:

1. Saft mit den beiden Zuckersorten und der Orangenschale auf etwa 200 Milliliter einkochen und Zimt dazugeben.

2. Abkühlen lassen. Bananen mit Schale längs halbieren. Schnittfläche mit Butter bestreichen. Bananen mit der Schnittfläche auf den Grill legen und drei Minuten grillen.

3. Bananen umdrehen und auf der Schale eine weitere Minute grillen. Bananen aus der Schale lösen und mit der Sauce und den Mandelblättchen anrichten.

15.7 Obstspieße mit Rummarinade

Für 4 Portionen
Zubereitungszeit: 30 Minuten
Schwierigkeitsgrad: leicht

Zutaten:

12 Erdbeeren
12 Kirschen ohne Stein
3 Scheiben Ananas, in Stücke
3 Aprikosen, halbiert, ohne Stein
2 Bananen, in Stücke
5 Esslöffel Rum
3 Esslöffel brauner Zucker
3 Esslöffel Honig
Saft einer Orange
Saft und Schale einer Zitrone
Puderzucker zum Bestreuen
4 Spieße

Zubereitung:

1. Aus Rum, Zitronensaft, Zitronenschale und Zucker eine Marinade bereiten und die Früchte 30 Minuten darin ziehen lassen.

2. Früchte abwechselnd auf die Spieße stecken. Zur Marinade Honig und Orangensaft geben, einkochen lassen. Spieße in der Aluschale unter Wenden etwa 5 Minuten grillen und immer wieder mit der Marinade bestreichen

3. Spieße mit Puderzucker bestreuen.

16. Spritzige Limonaden für den Sommer

Beim Grillen müssen es nicht immer alkoholische Getränke sein. Spritzige Limonaden sind gute Durstlöscher bei großer Hitze und dürfen nicht fehlen, wenn Kinder mitessen. Leckere und fruchtige Limonaden kannst du selbst zubereiten.

16.1 Traubenlimonade

Für 10 Portionen
Zubereitungszeit:
10 Minuten
Schwierigkeitsgrad: leicht

Zutaten:

500 Milliliter Mineralwasser mit Kohlensäure
5 Beutel Früchtetee
1 Liter Traubensaft
2 Zitronen
1 Esslöffel Agavendicksaft

Zubereitung:

1. Zitronen dünn abschälen und auspressen. Zitronenschale und Teebeutel mit 1 Liter kochendem Wasser aufbrühen. Tee 15 Minuten ziehen lassen, dann Zitronenschale und Teebeutel herausnehmen.

2. Traubensaft, Zitronensaft und Agavendicksaft dazugeben. Mineralwasser kurz vor dem Servieren dazugeben.

16.2 Stachelbeer-Melonen-Limonade

Für 6 Gläser
Zubereitungszeit:

30 Minuten
Schwierigkeitsgrad: leicht

Zutaten:

750 Gramm Wassermelone ohne Kerne
200 Gramm rote Stachelbeeren
½ Liter Stachelbeersaft
Mineralwasser mit Kohlensäure
½ Bund Zitronenverbene

Zubereitung:

1. Stachelbeeren putzen, auf eine flache Unterlage legen und ca. 4 Stunden einfrieren. Fruchtfleisch der Melone würfeln und im Mixer pürieren.

2. Zitronenverbene in eine Schüssel legen. Über diese Schüssel ein mit einem Küchentuch ausgelegtes Sieb hängen und das Melonenpüree hineinfüllen.

3. Saft in der Schüssel auffangen. Melone mindestens eine Stunde lang abtropfen lassen. Melonensaft mit Stachelbeersaft mischen. Mit Mineralsaft auffüllen und Stachelbeeren als Eiswürfel dazugeben.

16.3 Limetten-Basilikum-Limonade

Für 6 Gläser
Zubereitungszeit: 20 Minuten
Schwierigkeitsgrad: leicht

Zutaten:

6 Limetten
400 Milliliter Tonic Water
200 Milliliter Zuckerrohrsirup
3 Bund Basilikum
600 Milliliter Mineralwasser

Zubereitung:

1. Limetten schälen und dabei die weiße Haut vollständig entfernen. Limetten hacken.

2. Basilikumblätter abzupfen und mit Limetten

und Zuckerrohrsirup pürieren.

3. Püree durch ein Sieb streichen und Saft auffangen. Wasser und Mineralwasser auffüllen.

16.4 Holunderblüten-Limonade

Für 4 Flaschen
Zubereitungszeit:
30 Minuten
Schwierigkeitsgrad: leicht

Zutaten:

500 Gramm Zucker
25 Gramm Weinsäure aus der Apotheke
25 Gramm Zitronensäure aus der Apotheke
6 große Holunderblütendolden
1 Limette

Zubereitung:

1. Holunderblüten mit Wein- und Zitronensäure, 5 Liter Wasser und in Scheiben geschnittener Limette mischen und zwei Tage stehen lassen.

2. Etwa zweimal täglich umrühren. Zucker unterrühren und zwei Tage im Kühlschrank ziehen lassen.

3. Täglich ungefähr zweimal umrühren. Limonade durch ein Sieb gießen, aufkochen und heiß in Flaschen füllen. Sofort verschließen.

16.5 Himbeer-Limonade

Für 6 Portionen
Zubereitungszeit:
10 Minuten
Schwierigkeitsgrad: leicht

Zutaten:

350 Milliliter Apfelsaft
400 Milliliter Cranberry-Nektar
250 Gramm Himbeeren

100 Milliliter Himbeersirup
250 Milliliter
Mineralwasser

Zubereitung:

1. Himbeeren mit Apfelsaft, Himbeersirup und Cranberrynektar in einen Krug geben.

2. Vor dem Servieren mit Mineralwasser auffüllen.

16.6 Gundermann-Giersch-Limonade

Für 16 Portionen
Zubereitungszeit:
30 Minuten
Schwierigkeitsgrad: leicht

Zutaten:

300 Gramm Zucker
3 Zitronen
Etwa 2 Zentimeter
Ingwerknolle
10 Gramm Giersch
10 Gramm Gundermann
2 Flaschen Mineralwasser
mit Kohlensäure

Zubereitung:

1. Zitronen schälen, halbieren und auspressen. Ingwer schälen, in Scheiben schneiden.

2. Zitronensaft mit Zitronenschale, Ingwer, Zucker und 250 Milliliter Wasser etwa 15 Minuten zu einem Sirup einkochen.

3. Sirup durch ein Sieb gießen und die Kräuter dazugeben. Über Nacht ziehen lassen. Sirup mit Mineralwasser auffüllen.

16.7 Basilikum-Nektarinen-Limonade

Für 5 Portionen
Zubereitungszeit:
10 Minuten
Schwierigkeitsgrad: leicht

Zutaten:

1 Nektarine
3 Stängel Basilikum

Zubereitung:

1. Nektarine in Spalten schneiden und zusammen mit dem Basilikum und 1 Liter Wasser in einen Krug geben.

2. Mindestens 10 Minuten ziehen lassen.

16.8 Kräuterlimonade

Für 8 Portionen
Zubereitungszeit:
10 Minuten
Schwierigkeitsgrad: leicht

Zutaten:

1 Liter stilles Mineralwasser
Einige Himbeeren
1 Stängel Zitronengras
4 Stängel Minze
1 Stängel Thymian
2 Stängel Basilikum

Zubereitung:

1. Kräuter und Himbeeren in einen Krug geben.

2. Mit Mineralwasser auffüllen und 12 Stunden im Kühlschrank ziehen lassen.

17. Leckere Smoothies

17.1 Orangen-Smoothie

KH: 19 g
EW: 7 g
F: 14 g

Zutaten:

2 Orangen
2 Mandarinen
½ Grapefruit (nur der Saft)
½ Zitrone (nur der Saft)
1 Staude Chicorée
1 Karotte
2 EL Kokosraspeln
1 TL Kurkuma

Wirkung:

Dieser leuchtend orangefarbene Smoothie bringt neben vielen Vitaminen auch Beta-Karotin (Vorstufe des Vitamin A), Folsäure und weitere wichtige Mineralstoffe mit, die Energie liefern und die Verdauung unterstützen.

17.2 Bananen-Orangen-Smoothie

KH: 18 g
EW: 6 g
F: 7 g

Zutaten:

3 Bananen
2 Kiwis
2 Orangen (nur der Saft)

Wirkung:

Dieser sich ideal anstelle eines Frühstück einzunehmende Smoothie punktet durch seine lange Sättigung und durch seine vielen Vitamine.

17.3 Apfel-Muskatnuss-Mandel-Smoothie

KH: 25 g
EW: 10 g
F: 16 g

Zutaten:

100 ml Wasser
150 g Apfel in Scheiben
2 EL Mandelmus
1 TL Hanfsamen
1 Msp. Muskatnuss

Wirkung:

Die Zauberzutat in diesem Smoothie sind die Hanfsamen. Sie enthalten alle neun Aminosäuren, die für eine gesunde Ernährung essentiell sind, außerdem Omega 3 und 6 Fettsäuren (weshalb sie auch für Veganer und Vegetarier unerlässlich sind), mehrfach ungesättigte Fettsäuren, Eisen, Spurenelemente, Vitamin E und jede Menge Proteine. Unter den Frucht Smoothies ist er die Nummer 1.

17.4 Erdbeer-Pfirsich-Smoothie

KH: 22 g
EW: 7 g
F: 7 g

Zutaten:

1 Handvoll Pfirsich gestückelt gefroren
1 Handvoll Erdbeeren gefroren
1 Banane gefroren
50 ml Ananassaft
20 ml Kokosnussmilch

Wirkung:

Der Erdbeer-Pfirsich-Smoothie senkt den Blutdruck, fördert die Verdauung und stärkt die Augen- und Nierenfunktion.

17.5 Eisiger Himbeer-Kirsch-Smoothie

KH: 15 g
EW: 8 g
F: 8 g

Zutaten:

200 ml Wasser
20 ml Zitronensaft
50 ml Kirschsaft Bio oder frisch gepresst
40 g Himbeeren
4 Eiswürfel
1 TL Honig

Wirkung:

Eine kühle Erfrischung an heißen Tagen, die auch noch jede Menge Vitamin C mitbringt, ist der eisige Himbeer-Kirsch-Smoothie.

17.6 Brombeer-Ananas-Smoothie

KH: 16 g
EW: 6 g
F: 7 g

Zutaten:

80 ml Ananassaft frisch gepresst
200 g Beerenmix (Himbeeren, Brombeeren)
1 Banane
1 TL Leinsamen
1 TL Zitronensaft frisch gepresst

Wirkung:

Vitamine, Nährstoffe, Mineralstoffe und Spurenelemente vereint im Brombeer-Ananas-Smoothie – Wer es noch etwas sommerlicher mag, kann die Banane vor der Zubereitung portionieren und einfrieren.

17.7 Preiselbeeren-Orangen-Smoothie

KH: 18 g
EW: 5 g
F: 12 g

Zutaten:

100 g Orangensaft frisch gepresst
50 g Leinsamen
50 g Cashews
80 g Preiselbeeren
½ Zitrone (nur der Saft)

Wirkung:

Dank der Preiselbeeren wirkt sich dieser Smoothie vitalisierend auf das eigene Befinden aus. Bereits ein kleines Glas mit 0,33 ml enthält 20 % des Tagesbedarfs an Kupfer, 10 Prozent an Eisen, 11 an Vitamin E und 18 an Vitamin C.

17.8 Apfel-Dattel-Smoothie

KH: 29 g
EW: 22 g
F: 25 g

Zutaten:

300 ml Mandelmilch
100 ml Sojamilch
2 EL Mandelmus
1 TL Kokosöl
2 Äpfel rot
1 Orange
5 Datteln

Wirkung:

Datteln sind sehr süß, was an ihrem hohen Zuckergehalt liegt, der vor allem Nahrung für das Gehirn und damit für konzentrierte Arbeiten ist. Sie enthalten aber auch einen hohen Anteil an Ballaststoffen und Mineralien. Außerdem sorgen ihre Antioxidantien für einen entgifteten Körper und – trotz ihrer Süße - für ein schönes Hautbild.

17.9 Birnen-Smoothie

KH: 25 g
EW: 18 g
F: 10 g

Zutaten:

500 ml Mandelmilch
100 ml Sojamilch
4 Birnen
1 Msp. Vanille
1 Msp. Zimt

Wirkung:

Der Birnen-Smoothie hilft besonders gut in der Anfangsphase einer Diät, weil er Wassereinlagerungen ausschwemmt. Außerdem bringt er verschiedene B-Vitamine mit und hat einen außerordentlich hohen Kaliumgehalt.

17.10 Bananen-Mandel-Smoothie

KH: 25 g
EW: 16 g
F: 20 g

Zutaten:

50 ml Wasser
1 Handvoll Spinat
½ Banane
½ Kiwi
½ Mango
2 EL Mandeln

Wirkung:

Mandeln enthalten Unmengen ungesättigte Fettsäuren, einen Nährstoff, den wir mit einer normalen Ernährung nur bedingt aufnehmen können. Außerdem sind sie reich an Vitamin E und B, Magnesium, Kalzium und anderen elementaren Mineralstoffen.

17.11 Avocado-Spinat-Smoothie

KH: 19 g
EW: 14 g
F: 18 g

Zutaten:

20 ml Kokoswasser
1 Orange
1 Banane
1 Handvoll Spinat
½ Avocado

Wirkung:

Der Avocado-Spinat-Smoothie sorgt mit seinen Inhaltsstoffen für viele Stunden Energie und bringt gleichzeitig viele Vitamine mit.

17.12 Alfalfa-Smoothie

KH: 19 g
EW: 12 g
F: 13 g

Zutaten:

30 ml Wasser
1 Handvoll Spinat gefroren
½ Apfel
1 Karotte
2 EL Alfalfa Samen

Wirkung:

Alfalfa findet sich normalerweise in Salaten, ist aber auch in Smoothies gut aufgehoben. Sie sorgen für die nötige Frische und helfen gegen Autoimmunerkrankungen.

17.13 Grünkohl-Ingwer-Smoothie

KH: 15 g
EW: 8 g
F: 12 g

Zutaten:

20 ml Sojamilch
1 Handvoll Grünkohl
1 Banane
½ Apfel
1 Stück Ingwer daumenkuppengroß

Wirkung:

Arm an Kalorien, reich an gesunden Inhaltsstoffen – gemeint ist der Grünkohl. Hinzu kommt, dass der Ingwer durch seine angenehme Schärfe die Verdauung antreibt.

17.14 Kokos-Vanille-Smoothie

KH: 20 g
EW: 23 g
F: 18 g

Zutaten:

50 ml Kokosmilch
1 Banane
1 Handvoll Brokkoli
3EL Proteinpulver Vanillegeschmack

Wirkung:

Entgiftend und entschlackend wirkt dieser Smoothie und bringt dabei noch eine Vielzahl stärkender und nährender Inhaltsstoffe mit.

17.15 Hafer-Mangold-Smoothie

KH: 19 g
EW: 12 g
F: 14 g

Zutaten:

1 Kiwi
1 Handvoll Mangold
50 ml Hafermilch

Wirkung:

Hafermilch enthält wichtige Nährstoffe zur Stärkung der Muskeln und der Konzentration. Befördert wird diese Wirkung durch das Vitamin C der Kiwi.

17.16 Kakao-Smoothie

KH: 20 g
EW: 15 g
F: 6 g

Zutaten:

30 ml Wasser
30 ml Mandelmilch
2 EL Kakaopulver ungesüßt
1 Apfel

Wirkung:

Dieser Diabetiker-Smoothie enthält zwar keine grünen Früchte, dafür aber Kakao. Dieser sollte ungesüßt und entölt sein. Nur so kann er dazu beitragen, den Blutzuckerspiegel zu regulieren.

17.17Apfel-Muskatnuss-Smoothie

KH: 20 g
EW: 5 g
F: 3 g

Zutaten:

1 Apfel
50 ml Mandelmilch
1 Prise Muskatnuss

Wirkung:

Das Vitamin C des Apfels, das wenige Fett der Mandelmilch und die Blutzucker regulierende Funktion der Muskatnuss machen den Apfel-Muskatnuss-Smoothie zu einem der am besten geeignetsten Smoothies für Zuckerkranke.

17.18 Spinat-Beeren-Smoothie

KH: 20 g
EW: 8 g
F: 5 g

Zutaten:

50 ml Wasser
1 Handvoll Beerenmix
1 Handvoll Babyspinat
2 EL Minze frisch
Ingwer ca. 0,5 cm dick

Wirkung:

Gesund – und zwar nicht nur für den Körper an sich, sondern auch für den Blutzuckerspiegel. Dieser wird durch den enthaltenen Ingwer positiv beeinflusst.

17.19 Avocado-Kokos-Smoothie

KH: 25 g
EW: 15 g
F: 14 g

Zutaten:

100 g Babyspinat
100 g Naturjoghurt fettarm
150 ml Kokosmilch
½ Avocado
2 EL Honig
1 Prise Kokosraspeln

Wirkung:

Dieser Smoothie verdankt seine Wirkung vor allem der Avocado. Dank dieser und dank des Babyspinats sorgt er für eine schöne Haut. Joghurt und Honig schenken dem Körper zudem jede Menge Energie.

17.20 Karotten-Mango-Smoothie

KH: 20 g
EW: 13 g
F: 8 g

Zutaten:

100 ml Wasser
1 Karotte
½ Mango
½ Grapefruit
1 TL Honig

Wirkung:

Grapefruits sind reich an Vitamin C, A, B1, B2 und B6. Außerdem tragen sie mit ihren Mineralstoffen wie Kalzium, Kalium und Magnesium dazu bei, die Hautalterung hinauszuzögern.

Schlusswort

Es muss nicht immer Fleisch auf dem Grill sein. In der Grillsaison kommen mit gegrilltem Gemüse auch Veganer und Vegetarier auf ihre Kosten. Sehr lecker ist auch Käse vom Grill. Einen einzigartigen Geschmack erhält Gegrilltes auf einem Holzkohlegrill. Mit Spänen und verschiedenen Zusätzen kannst du den Geschmack auch auf einem Gasgrill bereiten. Ein neuer Trend ist das indirekte Grillen, bei dem das Grillgut nicht direkt über der Glut liegt. Mit BBQ-Grills, Smokern und Kugelgrills kannst du indirekt grillen. Das Grillgut wird dabei häufig abgedeckt. Indirektes Grillen nimmt deutlich mehr Zeit in Anspruch als direktes Grillen. Mit verschiedenen Marinaden, die du in kurzer Zeit bereiten kannst, zauberst du verschiedene Geschmacksrichtungen für Fleisch, Fisch, Käse oder Gemüse. Fisch lässt sich auf dem Grill vielfältig zubereiten. Käse ist eine Bereicherung auf dem Grill. Besonders gut eignen sich Halloumi und Feta. Als Gemüse für den Grill eignen sich besonders gut Tomaten, Auberginen, Zucchini und Pilze. Mit Dips und verschiedenen Saucen schmeckt Gegrilltes noch besser. Auch Obst schmeckt sehr lecker vom Grill. Gut geeignet sind Ananas, Erdbeeren, Nektarinen, Pfirsiche oder Mangos. Mit einem leckeren Dessert vom Grill rundest du deine Grillparty ab. Nicht fehlen dürfen alkoholfreie Limonaden.

Impressum

Hermine Treitner
Laxenburgerstraße 136/11/5
1100 Wien
Österreich / Austria

Gedruckt/Vertrieben und Verkauft via
Amazon.com, Inc. oder einer Tochtergesellschaft

13663728R00057

Printed in Germany
by Amazon Distribution
GmbH, Leipzig